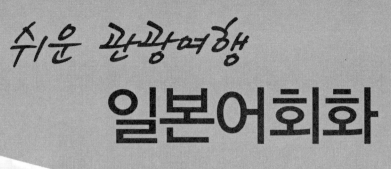

쉬운 관광여행
일본어회화

고영길 지음

신아사

현재 상당한 수의 관광일본어에 관한 교재들이 출판되어 있으나, 대부분의 교재는 어느 정도 일본어 회화를 익혀야 가능한 내용들이 많이 포함되어 있는 실정이다.

관광업계에서 사용하는 일본어는 종사자의 입장에서 일본인 고객에게 사용하는 정중한 문장들로 이루어져 있기 때문에 일정 수준 이상의 외국어 능력을 갖고 있어야 익힐 수 있는 것이 현실이다.

그러다보니 학교 현장에서는 학생들은 일본어에 대한 흥미가 점점 없어지고, 교수님들은 관광과 관련한 사항들 위주로 수업을 진행하는 경우도 종종 보아왔다.

이에 본 교재는 위와 같은 부작용을 지양하기 위하여 일반 일본어 회화의 기본 틀 속에서 최대한 관광과 관련한 내용으로 작성함으로써 관광일본어 회화를 거부감없이 시작할 수 있도록 하는데 주안점을 두고 있다.

본 교재의 특징은 다음과 같다.

첫째, 본 교재는 처음 일본어를 접하는 학생들을 대상으로 하고 있다.

따라서 1과에서 4과까지는 한자를 배제하였으며, 전체적으로는 한자 읽는 방법 및 띄어쓰기를 하였다.

원래 일본어에서는 띄어쓰기가 없으나 일본어를 처음 접하는 학생들을 배려하였다.

둘째, 관광과 관련된 내용으로 본문을 구성하였으며, 문법적인 내용도 일상 일본어 회화와 마찬가지로 체계적으로 구성하였다.

관광일본어는 원래 경어를 사용하게 되지만, 본 교재는 기초편이므로 경어를 사용하여 혼동을 주기 보다는 일상적인 회화표현을 주로 사용하여 관광일본어가 아닌 일반 일본어 회화 교재로도 지장이 없도록 구성하였다.

셋째, 다양한 회화연습과 연습문제를 탑재하였으며, 본 교재에 나온 단어들은 모두 부록편에 실어놓았으므로 중간에 모르는 단어가 나오면 바로 찾아볼 수 있도록 하였다.

참고로 부록편에는 단어 모음과 연습문제 정답 뿐 아니라, 기초적인 문법을 쉽게 말로 풀어 기재한 필수문법 현장강의와 함께 관광현장에서 흔히 사용되는 통문장들을 탑재하여 혼자서도 충분히 관광일본어를 익힐 수 있도록 하였다.

모쪼록 본 교재가 관광일본어의 기초를 닦고자 하는 학생들에게 많은 도움이 되었으면 하는 바람 간절하다.

이 책이 나오기까지 각별한 도움을 주신 신아사의 정현걸 대표님을 비롯한 직원분들과 각계 여러분께 이 자리를 빌려 감사드린다.

2016년 2월
저자 고영길

쉬운 관광여행

일본어회화

일본어 문자

일본어의 문자는 ひらがな(히라가나)와 カタカナ(카타카나), 그리고 漢字, 세 가지라고 할 수 있습니다. 일반적인 것은 ひらがな(히라가나)로 적으며, 외래어 등은 カタカナ(카타카나)로, 여기에 한자를 섞어서 사용하고 있습니다.

원래 일본어는 띄어쓰기가 없기 때문에 한자를 섞지 않으면 의미를 파악하기 힘들 수 있기 때문입니다.

あア 아	かカ 카	さサ 사	たタ 타	なナ 나	はハ 하	まマ 마	やヤ 야	らラ 라	わワ 와	んン 응
いイ 이	きキ 키	しシ 시	ちチ 치	にニ 니	ひヒ 히	みミ 미		りリ 리		
うウ 우	くク 쿠	すス 스	つツ 츠	ぬヌ 누	ふフ 후	むム 무	ゆユ 유	るル 루		
えエ 에	けケ 케	せセ 세	てテ 테	ねネ 네	へヘ 헤	めメ 메		れレ 레		
おオ 오	こコ 코	そソ 소	とト 토	のノ 노	ほホ 호	もモ 모	よヨ 요	ろロ 로	をヲ 오	

탁음(濁音)	がガ 가	ざザ 자	だダ 다	ばバ 바	반탁음(半濁音)	ぱパ 파
	ぎギ 기	じジ 지	ぢヂ 지	びビ 비		ぴピ 피
	ぐグ 구	ずズ 즈	づヅ 즈	ぶブ 부		ぷプ 푸
	げゲ 게	ぜゼ 제	でデ 데	べベ 베		ぺペ 페
	ごゴ 고	ぞゾ 조	どド 도	ぼボ 보		ぽポ 포

한번 써 볼까요?

あ						
い						
う						
え						
お						

발음해 보세요

あお(青) 파랑
いえ(家) 집
おい 조카
うえ(上) 위
あい(愛) 사랑

か						
き						
く						
け						
こ						

우리말의 「ㅋ」 자음과 비슷하다. 단어의 중간이나 끝에서는 「ㄲ」으로 발음한다.

발음해 보세요

かき(柿) 감
かこ(過去) 과거
あき(秋) 가을
いけ(池) 연못
こえ(声) 목소리
きおく(記憶) 기억

さ						
し						
す						
せ						
そ						

우리말의 「ㅅ」 자음과 비슷하다. 「す」는 우리말의 「스」에 가까운 발음이다.

발음해 보세요

さけ(酒) 술
あし(足) 다리
しお(塩) 소금
あせ(汗) 땀
せき(席) 자리
うそ 거짓말

た						
ち						
つ						
て						
と						

「た、て、と」는 「ㅌ」과 비슷하지만, 단어의 중간이나 끝에서는 「ㄸ」으로 발음된다.
「ち、つ」의 경우도 「ㅊ」에 가까우나, 단어의 중간이나 끝에서는 「ㅉ」에 가깝다.
「つ」는 모음을 「ㅡ」에 가깝게 발음해야 한다.

🎤 발음해 보세요

ちか(地下) 지하
つち(土) 땅　　たて(縦) 세로
たいせつ(大切) 중요
そと(外) 밖　　とし(年) 해

な						
に						
ぬ						
ね						
の						

な행의 자음은 우리말의 「ㄴ」과 비슷하다.

🎤 발음해 보세요

なか(中) 가운데
にく (肉) 고기
いぬ(犬) 개
ねこ(猫) 고양이
ぬの(布) 천
のこす(残す) 남기다

は						
ひ						
ふ						
へ						
ほ						

は행의 자음은 우리말의 「ㅎ」과 비슷하다.

🎤 발음해 보세요

はは(母) 엄마
ひと(人) 사람
さいふ(財布) 지갑
へや(部屋) 방
ほし(星) 별
あさひ(朝日) 아침해

ま					
み					
む					
め					
も					

ま행의 자음은 우리말의 「ㅁ」과 같다.

발음해 보세요

まど(窓) 창문
まいにち(毎日) 매일
みせ(店) 가게
むし(虫) 벌레
にもつ(荷物) 짐

や					
ゆ					
よ					

「야, 유, 요」라고 발음되는 일종의 모음이다.

발음해 보세요

おゆ(お湯) 더운 물
ゆき(雪) 눈
よむ(読む) 읽다

ら					
り					
る					
れ					
ろ					

ら행의 자음은 우리말의 「ㄹ」과 비슷하다.

발음해 보세요

うら(裏) 뒤
とり(鳥) 새
まる(丸) 동그라미
れきし(歴史) 역사
ろく(六) 육

わ					
を					
ん					

「を」는 「お」와 발음이 같은데, 「を」는 「~을(를)」이라는 목적격 조사로만 쓰인다.
「ん」은 받침기호이다.

발음해 보세요

わたし(私) 나, 저
ほん(本)を 책을

 틀리기 쉬운 글자

い〔i〕 - り〔ri〕

き〔ki〕 - さ〔sa〕

ぬ〔nu〕 - め〔me〕

ね〔ne〕 - れ〔re〕 - わ〔wa〕

は〔ha〕 - ほ〔ho〕

る〔ru〕 - ろ〔ro〕

연 습

cross word

ほ	あ	い	め	に	み
し	ら	ね	き	お	そ
せ	う	ま	い	に	ち
し	わ	つ	く	る	の
え	た	り	す	あ	め
り	し	も	つ	ぬ	ち

찾을 단어

わたし
まつり
ほし
あめ
まいにち

(   ) 안에 알맞은 글자는 어느 것일까요?

[tori : 새]　　①とい　　　②とり　　　③のい　　　④のり

[okasi : 과자]　①あかし　　②おかし　　③わかし　　④めかし

が						우리말의 「ㄱ」에 가까운 발음이며 단어의 중간이나 끝에서는 비음(콧소리)로 발음될 수 있다.
ぎ						
ぐ						がいこく (外国) 외국
げ						えいご (英語) 영어 かぐ (家具) 가구 げた 일본 나막신
ご						しごと (仕事) 일

발음해 보세요

がいこく (外国) 외국
えいご (英語) 영어
かぐ (家具) 가구
げた 일본 나막신
しごと (仕事) 일

ざ						우리말의 「ㅈ」과 「ㅅ」의 중간발음이다.
じ						
ず						かざん (火山) 화산
ぜ						じしん (地震) 지진 みず (水) 물 かぜ (風) 바람
ぞ						すずしい (涼しい) 시원하다

발음해 보세요

かざん (火山) 화산
じしん (地震) 지진
みず (水) 물
かぜ (風) 바람
すずしい (涼しい) 시원하다

だ						「ぢ」「づ」는 「じ」「ず」와 발음이 같은데, 그리 많이 쓰이는 글자는 아니다.
ぢ						
づ						だいず (大豆) 콩
で						はなぢ (鼻血) 코피 おこづかい (お小遣い) 용돈 でんわ (電話) 전화
ど						どようび (土曜日) 토요일

발음해 보세요

だいず (大豆) 콩
はなぢ (鼻血) 코피
おこづかい (お小遣い) 용돈
でんわ (電話) 전화
どようび (土曜日) 토요일

ば						 발음해 보세요
び						さばく (砂漠) 사막
ぶ						びじん (美人) 미인 ぶどう 포도
べ						かべ (壁) 벽 ぼうし (帽子) 모자
ぼ						へいぼん (平凡) 평범

ぱ						「ㅂ」과 「ㅃ」의 중간발음이다. *편의상 「ㅍ」으로 설명하기로 한다.
ぴ						발음해 보세요
ぷ						せんぱい (先輩) 선배 えんぴつ 연필
ぺ						てんぷら 튀김 ぺこぺこ 굽실굽실
ぽ						たんぽぽ 민들레

● **요음(拗音)**

요음은 「ㅣ」 모음의 글자 중에서 「い」를 제외한 [き、し、ち、に、ひ、み、り] 및

[ぎ、じ、び、ぴ]의 오른쪽 밑에 작게 [や、ゆ、よ]를 붙여 표기한다.

발음은 앞 글자의 발음과 합쳐서 한 덩어리로 발음하면 된다.

가령, きゃ는 「캬 (ㅋ+ㅑ)」로 발음을 해야지 「키야」라고 하면 안된다.

한번 발음해 볼까요?

　　いしゃ　　의사
　　りょこう　　여행
　　みりょく　　매력
　　ちょちく　　저축
　　びょうき　　병

● 촉음

촉음은 다른 글자의 뒤에 「っ」를 작게 적는 것으로 받침 역할을 한다.

이것은 뒷 글자의 자음을 받침으로 사용하면 된다.

즉, 「ひっこし」라고 했을 때 「ひ(히)」 다음의 조그만 「っ」는 받침으로 붙어야 하는데 뒷 글자 「こ(코)」의 자음 「ㅋ」을 받침으로 사용하여 결국 「힉코시」 정도로 발음이 된다는 것이다.

 한번 발음해 볼까요?

　　にっき　　일기
　　ざっし　　잡지
　　きって　　우표
　　いっぱい　가득

● 발음

일본어 글자 중에서 「ん」은 원래 받침 역할을 하는 글자이다.

이것은 뒤에 오는 글자에 따라 받침이 틀려지는데 규칙은 굳이 설명하면 다음과 같다.

　1) 「ㄱ、ㅋ」 자음의 글자 다음에 ん이 오면 「ㅇ」 받침

　　おんがく　　음악
　　けんか　　싸움

2) 「ㄴ, ㄷ, ㅌ, ㅅ, ㅈ, ㄹ」 자음의 글자 다음에 ん이 오면 「ㄴ」 받침

    おんな   여자

    うんどう 운동

    はんたい 반대

    けんさ   검사

    かんじ   한자

    べんり   편리

3) 「ㅁ, ㅂ, ㅍ」 자음의 글자 다음에 ん이 오면 「ㅁ」 받침

    さんま   꽁치

    ほんぶ   본부

    しんぱい 걱정

4) 「ㅇ」자음, 「ㅘ, ㅑ」의 이중 모음 다음에 ん이 오거나 「ん」으로 끝나면
「(비음 섞인)ㅇ」 받침

    れんあい 연애

    でんわ   전화

    ほんや   책방

    おでん   어묵

어렵나요?

그러나 글자를 발음할 때 너무 규칙에 얽
매이기보다는 많이 듣고 따라 읽는 것이
효율적이며, 어느 정도 시간이 지나면 자
연스럽게 발음하고 있는 자신을 발견하게
됩니다.

● 장음

길게 발음하라는 것인데 ひらがな에서는 「あ·い·う·え·お」로, カタカナ에서는 「ー」로 표기한다. 길게 발음을 해야 되는 경우는 다음과 같다.

1) 「ㅏ」+ あ

2) 「ㅣ」+ い

3) 「ㅜ」+ う

4) 「ㅔ」+ え 또는 い

5) 「ㅗ」+ お 또는 う

각각의 예를 들어보겠습니다. 한번 발음해 볼까요?

おばあさん   할머니

おじいさん   할아버지

くうき   공기

おねえさん   누나, 언니

えいが   영화

こおり   얼음

おとうさん   아버지

촉음, 발음, 장음은 가각 하나의 음절이므로 발음할 때 한 박자 길이를 두도록 해야 한다.

쉬운 관광여행

일본어회화

はじめまして。

공항에서 손님과 국외여행 인솔자가 만났다.

たなか ： はじめまして。

わたしは にほん りょこうしゃの たなかです。

どうぞ, よろしく おねがいします。

きむら ： はじめまして。

わたしは きむらです。

こちらこそ よろしく。

たなかさんは ガイドさんですか。

たなか ： いいえ, わたしは てんじょういんです。

타나카 ： 처음 뵙겠습니다.

저는 일본여행사의 타나카입니다.

모쪼록 잘 부탁드립니다.

키무라 ： 처음 뵙겠습니다.

저는 키무라입니다.

저야말로 잘 부탁드립니다.

타나카씨는 가이드십니까?

타나카　　: 아니요. 저는 인솔자입니다.

새로운 단어

はじめまして	처음 뵙겠습니다.
わたし	나, 저
は	~은, ~는
りょこうしゃ	여행사
の	~의
たなか	사람 이름
です	~입니다
どうぞ, よろしく おねがいします	모쪼록 잘 부탁드리겠습니다
こちらこそ	저야말로
よろしく	잘(부탁드립니다)
さん	~씨
ガイド	가이드
ですか	~입니까?
いいえ	아니오 (⇒ はい : 예)
てんじょういん	국외여행인솔자(Tour Conductor)

■ 체크1 わたしは きむらです。

「は」는 원래 "ha"라고 발음이 되지만, 「~은, ~는」이라는 의미의 조사로 쓰일 때만은 "wa"라고 발음이 된다.

「~です」란 「~입니다」라는 의미이다.

「です」 다음에 「か」를 붙여 「ですか」라고 하면 의문형이 된다.

- キムさんは がくせいです。 김영진씨는 학생입니다.
- わたしは かいしゃいんです。 나는 회사원입니다.
- たなかさんは せんせいですか 。 타나카씨는 선생님입니까?

❋ 단어
がくせい 학생　　　かいしゃいん 회사원　　　せんせい 선생님

■ 체크2 わたしは にほん りょこうしゃの たなかです。

- 「の」는 「~의」라는 의미의 조사이다.

주의) 한국어와는 달리 일본어에서는 명사와 명사 사이에 반드시 사용되어야 한다.

다시 말해, 「일본어 공부」「친구 책」처럼 한국어에서는 「~의」라는 조사를 사용하지 않을 수 있으나, 일본어에서는 「の」를 넣어주어야 한다.

일본어 공부　　　にほんご べんきょう (×)　　　にほんごの べんきょう (○)
친구 책　　　ともだち ほん (×)　　　ともだちの ほん (○)

にほん しんぶん　(신문 이름 : 고유명사)
にほんの しんぶん (일본에서 발행된 신문)

- 보통 친하지 않은 경우 성만 부르는 것이 일반적이다. 단, 흔한 성이라서 여러 사람이 있을 지도 모를 경우에는 이름까지 말한다.

※ 단어

にほんご 일본	べんきょう 공부	ともだち 친구
ほん 책	にほん 일본	しんぶん 신문

체크 3　たなかさんは ガイドさんですか。

あなた(당신)는 상대방을 지칭할 때 사용되는 말이지만, 자기보다 윗사람이나 친하지 않은 사람에게 사용하면 실례가 될 수 있다. 그러므로 보통 이름에 「さん」을 붙여 부르는 것이 좋다. 직업이나 신분 등에 붙이기도 한다. (ガイドさん,　がくせいさん)

기모노와 유카타

한국에 한복이 있듯 일본에도 전통 의상인 기모노가 있다. 외국인에게 일본은 '기모노의 나라'로 많이 알려져 있는데, 일본인은 긴 역사를 기모노와 함께 살아 왔다고 해도 과언이 아니다. 서양 사람들에게 기모노를 설명할 때, 일본인들은 곧잘 '감춤의 미학', '걸어다니는 미술관'이라고 자랑한다. 맨살을 드러내지 않는다는 점과, 옷감의 다채로운 문양을 뽐내느라 그런 비유를 하는 것이다.
　결혼식이나 공식적인 큰 행사 때 결혼한 남녀는 가문을 나타내는 기모노를 입는다. 질 좋은 비단으로 만든 기모노는 매우 비싸며 수천만 원에 이르기까지 한다.
그런 이유로 기모노는 사 입지 않고 빌려서 입는 사람도 많다. 기모노를 입는 방법도 매우 까다로워 흔히 전문적으로 기모노 입는 법을 배워서 숙련된 사람의 손을 빌려서 입는다.
기모노가 실크로 만든 의식용 옷이라면 그에 비해 유카타는 면으로 만들어진 간편한 옷이다. 주로 여름에 가볍게 입으며, 여름 축제 때나 목욕 후 입는다. 일본의 여관이나 호텔에서 유카타를 제공하는데, 여관에서는 유카타를 입은 채로 돌아다닐 수 있다. 그러나 호텔에서는 실내에서만 입게 되어 있고, 유카타 바람으로 자기 방 밖으로 나가는 것은 금지되어 있는 경우가 많다.

회화연습 & 문제

1. 옆 사람을 처음 만났다고 생각하고 다음 단어들을 이용해서 인사를 나눠보세요.

소속	かんこく ホテル　　にほん りょこうしゃ ○○だいがく　　　にほん
이름	たなか　　きむら　　やまだ　　자신이름

2. 상대방의 직업을 물어보고 상대방은 그 질문에 답하세요.

かいしゃいん　　　　がくせい　　　いちねんせい　　　　せんせい

※ 회화연습 단어
　かんこく 한국　　　ホテル 호텔　　　だいがく 대학　　　いちねんせい 1학년

3. 다음은 발음대로 한국어로 쓴 것입니다. ひらがな로 고쳐보시오.

1) 아레와 난데스까?

2) 와타시와 가쿠세이데스.

3) 와타시노 혼데스.

4) 카이샤잉데스까?

4. 한국어를 일본어로 고치려고 합니다. 빈칸에 알맞은 단어를 채우시오.

1) 저는 한국 여행사 가이드입니다.

   わたし___かんこく りょこうしゃ___ガイド____。

2) 타나카씨는 가이드십니까?

   たなかさん___ガイドさん____。

3) 저야말로 잘 부탁드리겠습니다.

   _____よろしく。

4) 아니오. 저는 인솔자입니다.

   _____, わたしは てんじょういんです。

그 상황 상황에 맞는 상투적인 표현

아침에 만나면	おはようございます
점심때 만나면	こんにちは
저녁때 만나면	こんばんは
사과할 때나 질문하기 전	すみません
부탁할 때는	おねがいします
고맙다고 할 때는	ありがとうございます

2 これは パスポートです。

손님들이 한국에 도착하여 세관검사를 받고 있다.

たなか	: こんにちは。これは パスポートです。
ぜいかん	: これは なんですか。
たなか	: それは おさけです。
ぜいかん	: それも おさけですか。
たなか	: いいえ。これは おさけじゃありません。たばこです。
ぜいかん	: あれも あなたの かばんですか。
たなか	: はい、あれも わたしの かばんです。

타나카	: 안녕하세요. 이것은 여권입니다.
세 관	: 이것은 무엇입니까?
타나카	: 그것은 술입니다.
세 관	: 그것도 술입니까?
타나카	: 아니요. 이것은 술이 아닙니다. 담배입니다.

세 관 : 저것도 당신의 가방입니까?

타나카 : 예, 저것도 제 가방입니다.

새로운 단어

ぜいかん	세관
こんにちは	안녕하세요(낮 인사)
これ	이것
パスポート	여권
なん	무엇
おさけ	술
も	~도
じゃありません	~이 아닙니다.
たばこ	담배
あなた	당신
かばん	가방

체크 1 これは パスポートです。

こ 말하는 사람과 가까움

そ 듣는 사람과 가까움

あ 말하는 사람과 듣는 사람 모두에게 멀리 떨어진 것

ど 무엇인지 모를 때

これ	이 것	それ	그 것	あれ	저 것	どれ	어느 것
ここ	여기	そこ	거기	あそこ	저기	どこ	어디
この + 명사	이~	その + 명사	그~	あの + 명사	저~	どの + 명사	어느~

- それは いくらですか。(그것은 얼마입니까?)
- トイレは どこですか。(화장실은 어디입니까?)
- あの たてものは ホテルです。(이 건물은 호텔입니다.)

❉ 단어
いくら 얼마　　トイレ 화장실　　たてもの 건물

체크 2 これは おさけじゃありません。

じゃありません은 です의 부정형이다. 「じゃ」를 「では」라고도 한다.

- それは おちゃではありません。(그것은 녹차가 아닙니다.)
- わたしは こうこうせいじゃありません。(나는 고등학생이 아닙니다.)

❉ 단어
おちゃ 차(녹차)　　こうこうせい 고등학생

체크 3　あれも あなたの かばんですか。

もは「~도」라는 의미의 조사이다.

- たなかさんも ベルマンですか。 (타나카씨도 벨맨입니까?)
- これも にほんの きってです。 (이것도 일본 우표입니다.)

❀ 단어
　　ベルマン 벨맨　　　　きって 우표

회화연습 & 문제

1. 다음 예문과 같이 회화문을 만들어 보시오.

예)　たなかさんの ほん

　　질문 : それは だれの ほんですか。

　　대답 : これは たなかさんの ほんです。

1) せんせいの かばん

　　질문 :

　　대답 :

2) きむらさんの くるま

　　질문 :

　　대답 :

3) たなかさんの パスポート

　　질문 :

　　대답 :

4) わたしの コーヒー

　　질문 :

　　대답 :

2. 밑줄 친 단어들을 주어진 단어들로 바꿔서 말해 봅시다

A : すみません、<u>これ</u>は <u>おさけ</u>ですか。

B : はい、そうです。

A : <u>それ</u>も <u>おさけ</u>ですか。

B : いいえ、<u>これ</u>は <u>おさけ</u>じゃありません。<u>みず</u>です。

これ	それ	あれ	
でんわ	とけい	こうちゃ	コーヒー
にほんごの ほん		えいごの ほん	

❊ 회화연습 단어
　みず 물　　　　　とけい 시계　　　　こうちゃ 홍차
　コーヒー 커피　　えいご 영어

3. 다음 ひらがな를 カタカナ로 바꿔 쓰시오.

1) ぱすぽーと(여권)　　　2) べるまん(벨맨)

3) ほてる(호텔)　　　　　4) といれ(화장실)

4. 다음을 부정형태로 바꿔 보시오.

1) かんこくの キムチです。

2) こうちゃです。

3) わたしの かばんです。

4) あれは がっこうです。

5. 다음 질문에 대답해 보시오.

1) すみません、これは なんですか。 (でんわ)

　　→

2) すみません、それは なんですか。 (にほんごの ほん)

　　→

3) すみません、あれは なんですか。 (だいがく)

　　→

4) すみません、たなかさんの かばんは どれですか。 (あれ)

　　→

❄ 연습문제 단어	
すみません 미안합니다	**でんわ**(電話) 전화
キムチ 김치	**がっこう**(学校) 학교

3 いくらですか。

타나카씨가 우체국에서 한국으로 소포를 보내려고 한다.

たなか : すみません。これは にほんまで いくらですか。

かかりいん: ちょっと まって ください。2、500えんです。

たなか : 2、500えんですか。じゃ、この てがみも おねがいします。

かかりいん: その てがみは 330えんです。ぜんぶで 2、830えんです。

たなか : 2、830えんですね。はい、どうぞ。

かかりいん: はい、ありがとう ございます。

   あ、すみませんが、でんわばんごうを おねがいします。

たなか : 03－3476－1367です。

타나카 : 실례합니다. 이것은 일본까지 얼마입니까?

담당자 : 잠깐만 기다려 주세요. 2,500엔입니다.

타나카 : 2,500엔이요? 그럼, 이 편지도 부탁드립니다.

담당자 : 그 편지는 330엔입니다. 전부해서 2,830엔입니다.

타나카 : 2,830엔이요? 자, 여기 있습니다.

담당자   : 예, 감사합니다. 아, 미안합니다만, 전화번호를 부탁드립니다.

타나카   : 03 - 3476 - 1367입니다.

새로운 단어

かかりいん(係員)	담당자
まで	~까지
ちょっと まって ください	잠시 기다려 주십시오
えん(円)	엔(일본 화폐 단위)
じゃ	그럼, 그러면
てがみ(手紙)	편지
おねがいします	부탁합니다. (→ ください)
ぜんぶで(全部で)	전부해서, 모두해서
どうぞ	여기 있습니다.
ありがとう ございます	감사합니다.
すみませんが	미안합니다만,
でんわばんごう(電話番号)	전화번호
を	~을, ~를

▋ 체크 1 すみません。

「미안합니다. 실례합니다」의 의미인데 사과를 할 때만 사용되는 것이 아니라, 다양한 상황에서 사용된다.

(누군가의 발을 밟고) すみません。

(레스토랑에서 종업원을 부를 때) すみません。

(길을 물어보려고 할 때) すみません。

(뭔가 부탁하려 할 때) すみません。

▋ 체크 2 おねがいします。

한국어와 마찬가지로 부탁이나 의뢰를 할 때만이 아니라 「주세요」라는 의미로도 사용된다. 여기서는 「가르쳐 주세요」라는 의미이다.

• もしもし、にほん ホテルですか。たなかさん、おねがいします。

여보세요? にほん호텔이죠? たなか씨, 부탁합니다(바꿔주세요).

• おなまえを おねがいします。성함을 부탁드립니다(말씀해 주세요).

• すみません、コーヒー おねがいします。

미안한데요, 커피 부탁합니다(주세요).

❋ 단어
もしもし 여보세요?   おなまえ(お名前) 성함

체크 3   숫자

숫자 읽는 방법은 우리나라와 같다.

숫자

0	1	2	3	4
ゼロ/まる	いち	に	さん	よん/し

5	6	7	8	9
ご	ろく	なな/しち	はち	きゅう/く

10	じゅう	15	じゅうご
11	じゅういち	16	じゅうろく
12	じゅうに	17	じゅうなな
13	じゅうさん	18	じゅうはち
14	じゅうよん	19	じゅうきゅう

20	にじゅう	60	ろくじゅう
30	さんじゅう	70	ななじゅう
40	よんじゅう	80	はちじゅう
50	ごじゅう	90	きゅうじゅう

100	ひゃく	600	**ろっぴゃく**
200	にひゃく	700	ななひゃく
300	**さんびゃく**	800	**はっぴゃく**
400	よんひゃく	900	きゅうひゃく
500	ごひゃく		

1,000	せん	6,000	ろくせん
2,000	にせん	7,000	ななせん
3,000	**さんぜん**	8,000	**はっせん**
4,000	よんせん	9,000	きゅうせん
5,000	ごせん		

만 단위부터는 발음이 달라지는 것은 없다.

10,000	**いちまん**	100,000	じゅうまん
1,000,000	ひゃくまん	10,000,000	**いっせんまん**
100,000,000	いちおく		

체크 4 전화번호

0(ゼロ)부터 9까지의 숫자만 있으면 읽을 수 있다.

발음할 때, 「2」, 「5」를 길게 발음하고, 「~에」에 해당하는 일본어는 「の」를 넣으면 된다.

다시 말해, 「0~9」까지를 「ぜろ、いち、**にー**、さん、よん、**ごー**、ろく、なな、はち、きゅう」로 읽으면 된다.

• 02-1234-5678 (ぜろにーの いちにーさんよんの ごーろくななはち)

회화연습 & 문제

1. 주어진 단어를 통해 다음과 같이 회화를 만들어 보시오.

A : すみません、この ほんを ください。

B : はい、ありがとう ございます。

A : いくらですか。

B : 340えんです。

カルビ　　／　1,500えん

ビビンパ　／　1,000えん

すきやき　／　2,100えん

2. 예와 같이 옆 사람들에게 질문을 하고, 그 대답한 내용을 적어 보세요.

A : すみませんが、おなまえは なんですか。

B : わたしは たなかです。

A : おすまいは どこですか。

B : とうきょうです。

A : でんわばんごうも おねがいします。

B : 010-9388-0563です。

おなまえ?	たなか		
おすまい?	とうきょう		
でんわばんごう?	010-9388-0563		

3. 예와 같이 옆 사람에게 질문을 하고, 그 대답한 내용을 적어 보세요.

A : おなまえを おねがいします。

B : きむらです。

A : おいくつですか。

B : 21です。

A : きむらさんは なんねんせいですか。

B : 1ねんせいです。

おなまえ?	きむら		
おいくつ?	21		
なんねんせい?	1ねんせい		

〈참고〉

1. 나이를 얘기할 때, 숫자만 얘기해도 된다. 단, 20살만은 **はたち**라고 한다.

   (にじゅう라고 하지 않는다)

2. 「숫자 + ねんせい」는 ~학년이라는 의미이다.

   1학년 いちねんせい   2학년 にねんせい

   3학년 さんねんせい   4학년 よねんせい

❄ 회화연습 단어

カルビ 갈비   ビビンパ 비빔밥

すきやき 전골   おすまい(お住まい) 댁, 사시는 곳

とうきょう(東京) 토쿄(일본의 수도)   おいくつ 몇 살

だいがくせい(大学生) 대학생   なんねんせい(何年生) 몇 학년

はたち 스무살

4. 그림을 보고 빈칸에 맞는 말을 넣으시오.

￥110	りんごは いくらですか。 りんごは □□□□□□□えんです。
￥220	うどんは いくらですか。 うどんは □□□□□□□□えんです。
￥115만엔	くるまは いくらですか。 くるまは □□□□□□□□□えんです。
￥43,200	カメラは いくらですか。 カメラは □□□□□□□□□□□□えんです。
￥1,540	ステーキは いくらですか。 ステーキは □□□□□□□□□□□□えんです。

5. 다음을 일본어로 번역하시오.

1) 잠시만 기다려 주세요.

2) 전부해서 얼마예요?

3) 감사합니다.

4) 성함을 말씀해 주세요.

❀ 연습문제 단어

りんご 사과　　　　うどん 우동　　　　くるま 자동차

ステーキ 스테이크　　カメラ 카메라

4 りょこうは あしたからですか。

내일 여행을 떠나는 스즈키씨를 위해 여행사 직원
이 항공권을 전하러 찾아왔다.

やました : はじめまして。にほん りょこうの やましたです。

　　　　　　すずきさんですか。

すずき 　: はい、そうです。

やました : これは ひこうきの チケットです。

すずき 　: あ、どうも ありがとう。

たなか 　: すずきさん、りょこうは あしたからですか。

すずき 　: ええ、あしたから あさってまでです。

たなか 　: それは たのしみですね。なんじの ひこうきですか。

すずき 　: あさ 9じの ひこうきです。

야마시타 : 처음 뵙겠습니다. 일본여행의 야마시타입니다.

　　　　　　스즈키씨십니까?

스즈키 　: 예, 그렇습니다.

야마시타 : 이것은 비행기 티켓입니다.

스즈키   : 아, 고맙습니다.

타나카   : 스즈키씨, 여행은 내일부터입니까?

스즈키   : 예, 내일부터 모래까지입니다.

타나카   : 그거 참 기대되시겠네요. 몇 시 비행기입니까?

스즈키   : 아침 9시 비행기입니다.

새로운 단어

りょこう(旅行)	여행
そうです	그렇습니다
ひこうき(飛行機)	비행기
チケット	티켓
どうも ありがとう	고맙습니다.
あした(明日)	내일 (⇒ きのう 어제 きょう 오늘)
から	부터
あさって	모래
まで	까지
それは たのしみですね	그거 기대되시겠네요.
なんじ(何時)	몇시
あさ(朝)	아침 (⇒ ひる 점심 よる 저녁)
9じ	9시

▌ 체크1 あしたから あさってまでです。

「から(부터)」와 「まで(까지)」는 시간이나 장소 등의 시작과 끝을 나타내는 조사이다.

- あしたから やすみです。 내일부터 휴일입니다.
- レストランは なんじまでですか? 레스토랑은 몇 시까지입니까?

❋ 단어
　　やすみ 휴일, 휴가　　　　レストラン 레스토랑

▌ 체크2 なんじの ひこうきですか。

なんじ(몇시) : 「시」는 「じ」라고 읽는다.

1시	2시	3시	4시	5시	6시
いちじ	にじ	さんじ	**よじ**	ごじ	ろくじ
7시	8시	9시	10시	11시	12시
しちじ	はちじ	**くじ**	じゅうじ	じゅういちじ	じゅうにじ

なんぷん(몇분) : 「분」은 앞에 오는 말에 따라 「ふん」 또는 「ぷん」으로 읽는다.

1분	2분	3분	4분	5분
いっぷん	にふん	**さんぷん**	**よんぷん**	ごふん
6분	7분	8분	9분	10분
ろっぷん	ななふん	**はっぷん**	きゅうふん	**じゅっぷん**
20분	30분	40분	50분	60분
にじゅっぷん	さんじゅっぷん	よんじゅっぷん	ごじゅっぷん	ろくじゅっぷん

〈참고〉 오전 ごぜん　　　오후 ごご　　　반(30분) はん

- いま なんじですか? 지금 몇 시입니까?
- しょくじは 6じ 30ぷんからです。 식사는 6시30분부터입니다.

❈ 단어
   いま 지금   しょくじ 식사

체크 3 それは たのしみですね。

「그것 참 기대되시겠네요」라는 의미로 약속이나 행사를 앞두고 있는 사람에게
사용되는 관용적 표현이다.

- A : あしたから なつやすみです。 내일부터 여름방학입니다.
  B : それは たのしみですね。 그것 참 기대되시겠네요.

❈ 단어
   なつやすみ 여름방학, 여름휴가

체크 4 なんようび(무슨 요일)

げつようび 월요일	かようび 화요일	すいようび 수요일	もくようび 목요일	きんようび 금요일	どようび 토요일	にちようび 일요일

요일은 일본어로는 「ようび」라고 읽는다.

또한, 「월화수목금토일」은 「げつ か すい もく きん ど にち」라고 읽으면 된다.

- きょうは なんようびですか。 오늘은 무슨 요일입니까?
- あしたは げつようびです。 내일은 월요일입니다.
- きょうは すいようびじゃありません。 오늘은 수요일이 아닙니다.

회 화 연 습 & 문 제

1. 다음 회화와 같이 주어진 말을 이용해서 말해 봅시다.

A : すみません。いま なんじですか。

B : 10じです。

A : きょうは なんようびですか。

B : げつようびです。

09:25	テスト	かようび
16:00	あした	どようび
19:50	たなかさんの けっこんしき	にちようび

2. 다음 회화와 같이 주어진 말을 이용해서 말해 보시오.

A : デパートは なんじからですか。

B : ごぜん 10じ 30ぷんからです。

A : なんじまでですか。

B : ごご 8じまでです。デパートは 10じ 30ぷんから ごご 8じまでです。

めんぜいてん	09:30 ~ 21:00
にほんの ぎんこう	09:00 ~ 15:00
にほんの せんとう	16:00 ~ 24:00

> ❋ 회화연습 단어
> テスト 시험 けっこんしき(結婚式) 결혼식
> デパート 백화점 めんぜいてん(免税店) 면세점
> ぎんこう(銀行) 은행 せんとう(銭湯) (공중)목욕탕

3. 다음 그림을 보고 질문에 답하시오.

	いま、なんじですか。
	いま、なんじですか。
	いま、なんじですか。
	いま、なんじですか。
	いま、なんじですか。

4. 다음 질문에 답하시오.

1) きょうは なんようびですか。

2) がっこうは なんようびから なんようびまでですか。

3) にほんごの じゅぎょうは なんじから なんじまでですか。

4) きょうは にちようびです。あしたは なんようびですか。

5) きょうは すいようびです。テストは あさってからです。テストは なんようびからですか。

5 ここで 写真を お願いします。

인천국제공항으로 입국한 타나카씨가 기념사진을
찍는다.

ガイド : みなさま、仁川空港へ ようこそ。

わたしは ガイドで、こちらは ドライバーです。

きょうから9月 1日までの 3泊4日の スケジュールですね。

よろしく おねがいします。

田中 : 韓国は いい天気ですね。

ガイド : でも、昨日までは 雨でした。

田中 : じゃ、ガイドさん、ここで 写真を お願いします。

これが スイッチです。

ガイド : はい、わかりました。

가이드 : 여러분, 인천공항에 잘 오셨습니다.

저는 가이드이고, 이쪽은 운전기사입니다.

오늘부터 9월1일까지 3박4일의 일정이시죠?

잘 부탁드립니다.

타나카 :　한국은 날씨가 좋군요

가이드 :　그렇지만, 어제까지는 비가 내렸습니다.

타나카 :　그럼, 가이드님, 여기서 사진을 부탁할께요.

　　　　　이것이 스위치입니다.

가이드 :　예, 알겠습니다.

새로운 단어

みなさま 여러분	空港(くう こう) 공항
~へようこそ ~에 잘 오셨습니다	で ～이고
こちら 이쪽	ドライバー 운전기사
9月(く がつ) 9월	1日(ついたち) 1일
3泊(さんぱく) 3박	4日(よっか) 4일
スケジュール 스케쥴, 일정	いい 좋다, 좋은
天気(てんき) 날씨	昨日(きのう) 어제
雨(あめ) 비	でした ~였습니다
ここで 여기서	写真(しゃしん) 사진
スイッチ 스위치	わかりました 알겠습니다

■ 체크 1　わたしは ガイドで、こちらは ドライバーです。

두 문장을 한 문장으로 만들 때 「です」 대신 「で(~이고, ~이며)」를 넣어주면
된다.

- 木村さんは 日本人です。　 ＋　 木村さんは ロッテホテルの ドアマンです。

　키무라씨는 일본인입니다.　　　키무라씨는 롯데호텔의 도어맨입니다.

→ 木村さんは 日本人で、ロッテホテルの ドアマンです。

　키무라씨는 일본인이고, 롯데호텔의 도어맨입니다.

- わたしは 2年生です。 ＋　 わたしの しゅみは どくしょです。

　나는 2학년입니다.　　　나의 취미는 독서입니다.

→ わたしは 2年生で、しゅみは どくしょです。

　저는 2학년이고, 취미는 독서입니다.

❄ 단어
　　ドアマン 도어맨　　2年生 2학년　　しゅみ 취미　　どくしょ 독서

■ 체크 2　날짜

몇월(何月)?

1月	2月	3月	4月	5月	6月
いちがつ	にがつ	さんがつ	**しがつ**	ごがつ	ろくがつ
7月	8月	9月	10月	11月	12月
しちがつ	はちがつ	**くがつ**	じゅうがつ	じゅういちがつ	じゅうにがつ

며칠(何日)?

1日	2日	3日	4日	5日
ついたち	ふつか	みっか	よっか	いつか
6日	7日	8日	9日	10日
むいか	なのか	ようか	ここのか	とおか
11日	12日	13日	14日	15日
じゅういちにち	じゅうににち	じゅうさんにち	じゅうよっか	じゅうごにち
16日	17日	18日	19日	20日
じゅうろくにち	じゅうしちにち	じゅうはちにち	じゅうくにち	はつか
21日	22日	23日	24日	25日
にじゅういちにち	にじゅうににち	にじゅうさんにち	にじゅうよっか	にじゅうごにち
26日	27日	28日	29日	30日
にじゅうろくにち	にじゅうしちにち	にじゅうはちにち	にじゅうくにち	さんじゅうにち
31日				
さんじゅういちにち				

- クリスマスは 12月 25日です。크리스마스는 12월 25일입니다.
- わたしの たんじょうびは 7月 4日です。제 생일은 7월 4일입니다.

❆ 단어

何月 몇 월　　　　　何日 몇 일
クリスマス 크리스마스　　たんじょうび 생일

체크 3　昨日までは 雨でした。

문장을 과거형태로 나타내기 위해서는 「です」를 「でした」로 바꿔주면 된다.

한편, 과거의 일을 부정할 때는(~이 아니었습니다) 「じゃありませんでした」
로 바꾼다.

- わたしは ガイドです。 나는 가이드입니다.
- わたしは ガイドでした。 나는 가이드였습니다.
- わたしは ガイドじゃありませんでした。 나는 가이드가 아니었습니다.

■ 체크4 ここで 写真を お願いします。

여기서 「で」는 「~에서」라는 장소를 나타내는 조사이다.

- ホテルの ロビーで 6時の 約束です。 호텔 로비에서 6시 약속입니다.

❋ 단어
約束 약속

■ 체크5 これが スイッチです。

- おきゃくさま、ここが ロビーです。 손님, 여기가 로비입니다.
- おきゃくさま、あそこが フロントです。 손님, 저기가 프론트입니다.

❋ 단어
おきゃくさま 손님   ロビー 로비   フロント 프론트

회화연습 & 문제

1. 다음 예와 같이 두 문장을 한 문장으로 바꿔 말해 봅시다.

わたしは ガイドです。こちらは ドライバーです。

→ わたしは ガイドで、こちらは ドライバーです。

1) これは ミニバーです。あれは れいぞうこです。

　→

2) こちらは フロントです。あちらは ロビーです。

　→

3) 金さんは 韓国人です。おきゃくさまです。

　→

2. 예와 같이 주어진 말을 사용해서 옆 사람과 대화를 해 보시오.

A : 今日は 何月 何日ですか。

B : 4月 23日です。

1) おたんじょうび?

2) 子供の日?

3) 今しゅうの 土ようび?

4) 先しゅうの 土ようび?

3. 다음 주어진 문장을 예문과 같이 의문형, 과거형, 과거부정형으로 바꿔 말해 보시오.

金^{キム}さんは 学生^{がくせい}です。

→ 金^{キム}さんは 学生^{がくせい}ですか。

→ 金^{キム}さんは 学生^{がくせい}じゃありません。

→ 金^{キム}さんは 学生^{がくせい}でした。

→ 金^{キム}さんは 学生^{がくせい}じゃありませんでした。

1) あれは ホテルです。

2) 木村^{きむら}さんは ドアマンです。

3) これは 田中^{たなか}さんの パスポートです。

❊ 회화연습 단어

ミニバー 미니바	れいぞうこ 냉장고	子供^{こども}の日^ひ 어린이 날
今^{こん}しゅう 이번 주	先^{せん}しゅう 지난 주	

---

4. 다음은 일본의 축일이다. 물음에 답하시오.

日本^{にほん}のしゅくじつ

1月 1日 元旦^{がんたん}(설날)	5月 5日 子供^{こども}の旦^ひ(어린이의 날)
1月 15日 成人^{せいじん}の日^ひ(성인의 날)	9月 15日 敬老^{けいろう}の日^ひ(경로의 날)
2月 11日 建国記念^{けんこくきねん}の日^ひ(건국기념일)	9月 23日 秋分^{しゅうぶん}の日^ひ(추분)
3月 21日 春分^{しゅんぶん}の日^ひ(춘분)	10月 10日 体育^{たいいく}の日^ひ(체육의 날)
4月 29日 みどりの日^ひ(녹색의 날)	11月 3日 文化^{ぶんか}の日^ひ(문화의 날)
5月 3日 憲法記念日^{けんぽうきねんび}(헌법기념일)	11月 23日 勤労感謝^{きんろうかんしゃ}の日^ひ(근로감사의 날)
5月 4日 国民^{こくみん}の休日^{きゅうじつ}(국민의 휴일)	12月 23日 天皇誕生日^{てんのうたんじょうび}(천황탄생일)

1) 春分の 日は いつですか。

2) じゅういちがつ みっかは 何の 日ですか。

3) 体育の 日は いつですか。

4) ごがつ いつかは 何の 日ですか。

5) 元旦は いつですか。

5. 다음 일정표를 보고 물음에 답하시오.

날 짜	시 간	일 정	식 사
1月 31日(水)	17 : 30	仁川 到着	夕ごはん : カルビ
	19 : 30	夕ごはん	
	20 : 40	ホテルへ	
2月 1日(木)	09 : 00	ロッテワールド(Lotte World)	朝ごはん : ホテル
	13 : 00	昼ごはん	昼ごはん : ビビンパ
	17 : 00	免税店で ショッピング	夕ごはん : すきやき
	18 : 00	夕ごはん	
2月 2日(金)	08 : 00	仁川 出発	朝ごはん : ホテル

1) 旅行は いつから いつまでですか。

2) ロッテワールドは 何ようびですか。

3) 1月 31日の 夕ごはんは 何ですか。

4) 仁川の 出発は 何時ですか。

❖ 연습문제 단어		
いつ 언제	何の 日 무슨 날	到着 도착
へ ~에, ~쪽으로	ショッピング 쇼핑	出発 출발
朝ごはん 아침 식사	昼ごはん 점심 식사	夕ごはん 저녁 식사

6 パスポートは ここに あります。

키무라씨와 타나카씨가 관광 통역 안내사와
이야기하고 있다.

木村(きむら) ： 私(わたし)の パスポートは どこに ありますか。

ガイド ： はい、ここに あります。

木村(きむら) ： ああ、どうも すみません。あのう、バスは どこに ありますか。

ガイド ： ホテルの 前(まえ)に あります。

木村(きむら) ： 田中(たなか)さんと 山田(やまだ)さんは どこに いますか。

ガイド ： 車(くるま)の 中(なか)に います。

木村(きむら) ： あの ビルは 何(なん)ですか。

ガイド ： あれは スーパーです。とても 安(やす)いです。

키무라 ： 제 여권은 어디에 있습니까?

가이드 ： 예, 여기에 있습니다.

키무라 ： 아, 정말 미안합니다. 저, 버스는 어디에 있습니까?

가이드 ： 호텔 앞에 있습니다.

키무라 ： 타나카씨와 야마다씨는 어디에 있습니까?

가이드　: 차 안에 있습니다.

키무라　: 저 빌딩은 뭐예요?

가이드　: 저것은 슈퍼입니다. 매우 저렴합니다.

 새로운 단어

に	~에
あります	있습니다 (⇒ ありますか : 있습니까?)
どうもすみません	정말 미안합니다.
バス	버스
前	앞
と	~와
います	있습니다 (いますか : 있습니까?)
中	안, 속
ビル	빌딩
スーパー	슈퍼마켓
とても	매우, 대단히
安いです	쌉니다. 저렴합니다.

체크 1 ここに あります。

있습니다	あります	います
없습니다	ありません	いません

あります / ありません (⇒ 식물과 무생물의 존재를 나타낼 때 사용)

• しおは こちらに あります。소금은 이쪽에 있습니다.
• 免税店は どこに ありますか? 면세점은 어디에 있습니까?
   めんぜいてん
• レストランは ありません。레스토랑은 없습니다.

います / いません (⇒ 생물의 존재를 나타낼 때 사용)

• ドアマンは あそこに います。도어맨은 저기에 있습니다.
• 部屋に 犬が います。방에 개가 있습니다.
   へや いぬ
• 田中さんは いません。田中씨는 없습니다.
   たなか   たなか

❋ 단어
   しお 소금   部屋 방   犬 개
              へや   いぬ

체크 2 위치

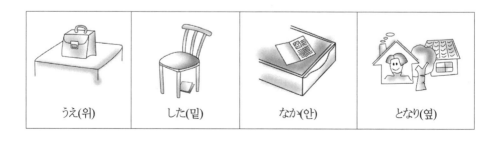

| うえ(위) | した(밑) | なか(안) | となり(옆) |

56

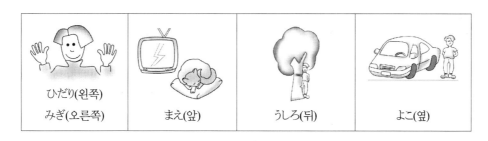

ひだり(왼쪽) みぎ(오른쪽)	まえ(앞)	うしろ(뒤)	よこ(옆)

よこ、となり 모두「옆」이라는 의미를 지니고 있지만,「よこ」는 횡적으로 아주 가까운 느낌,「となり」는 주로 같은 종류의 것(사람끼리, 건물끼리, 자리끼리)이 나란히 있다는 느낌을 갖게 한다.

- レストランは ホテルの 前に あります。

  레스토랑은 호텔 앞에 있습니다.
- ガイドは 車の 中に います。

  가이드는 차 안에 있습니다.
- 木村さんの となりの 人は 田中さんです。

  키무라씨의 옆 사람은 타나카씨입니다.
- トイレは エレベーターの よこに あります。

  화장실은 엘리베이터 옆에 있습니다.

❊ 단어

人 사람   エレベーター 엘리베이터

■ 체크 3 何^{なに}か(뭔가)와 だれか(누군가)

「か」는 불확실함을 나타내는 말로서, 何^{なに}か와 だれか는 무엇이(누가) 있는지 없는지 확실하지 않을 때 사용한다.

- 何^{なに}か ありますか? (뭔가 있습니까?)

  はい、かばんが あります。 (예, 가방이 있습니다.)

  いいえ、何^{なに}も ありません。 (아니오, 아무것도 없습니다.)

- だれか いますか? (누군가 있습니까?)

  はい、木村^{き むら}さんが います。 (예, 키무라씨가 있습니다.)

  いいえ、だれも いません。 (아니오, 아무도 없습니다)

※ 단어

何^{なに}も 아무것도   だれも 아무도

일본의 국토

일본 국토 면적은 37.8만㎢으로서 남북한을 포함한 우리 나라의 1.7배이며, 수도는 도쿄(東京)으로 대구와 같은 위도상에 있다.

한편 행정구역과 관련해서는, 한국이 현재 1개의 특별시(서울특별시)와 6개의 광역시(인천, 대구, 대전, 광주, 울산, 부산), 9개의 도(경기, 강원, 충북, 충남, 전북, 전남, 경북, 경남, 제주)로 이루어져 있는데 일본의 행정구역은 1개의 都(한국의 특별시에 해당하는 東京都 : とうきょうと)와 1개 道(北海道 : ほっかいどう), 2개 府(大阪府 : おおさかふ/京都府 : きょうとふ), 43개의 현(県)으로 이루어져 있다.

일본은 섬으로 이루어져 있는데 커다란 섬은 북쪽부터 홋카이도, 혼슈, 시코쿠와 큐슈이며, 이 밖에 큐슈의 남쪽에 있는 오키나와를 비롯한 약 4,000개의 섬으로 이루어져 있다.

참고로 일본 건국신화에 따르면 "이자나기"라는 남자 신과 "이자나미"라는 여자 신이 일본열도와 수많은 작은 섬들을 만들었다고 한다.

회 화 연 습 & 문 제

1. 다음과 같이 주어진 말을 사용해서 옆 사람과 대화를 해 보시오.

1) A : 部屋の なかに だれが いますか。

   B : 田中さんが います。

   ① バスの 前　　　　　木村さん

   ② ドアの よこ　　　　先生

   ③ 木村さんの となり　　田中さん

2) A : つくえの 上に 何が ありますか。

   B : かばんが あります。

   ① デパートの となり　　ホテル

   ② かばんの 中　　　　　財布

   ③ ベッドの 下　　　　　荷物

2. 다음 회화와 같이 주어진 단어를 이용하여 문맥에 맞게 옆 사람과 대화하시오.

1) A : <u>トイレの なか</u>に だれか いますか。

   B1: はい、います。　　　　　B2 : いいえ、だれも いません。

   A : だれが いますか。

   B1: <u>金さん</u>が います。
   <ruby>金<rt>キム</rt></ruby>

   ① バスの <ruby>後<rt>うしろ</rt></ruby>　　　<ruby>木村<rt>き むら</rt></ruby>さん

   ② かばんの <ruby>中<rt>なか</rt></ruby>　　　ほん

   ③ ベッドの <ruby>下<rt>した</rt></ruby>　　　<ruby>荷物<rt>に もつ</rt></ruby>

2) A : すみません。レストランは どこに ありますか。

   B : レストランですか。レストランは エレベーターの <ruby>後<rt>うしろ</rt></ruby>に あります。

   A : エレベーターの <ruby>後<rt>うしろ</rt></ruby>ですね。どうも。

   B : いいえ、どういたしまして。

   ① ホテル?　　　デパートの となり

   ② トイレ?　　　かいだんの <ruby>上<rt>うえ</rt></ruby>

   ③ <ruby>田中<rt>た なか</rt></ruby>さん?　　バスの <ruby>前<rt>まえ</rt></ruby>

   ④ <ruby>木村<rt>き むら</rt></ruby>さん?　　レストランの <ruby>中<rt>なか</rt></ruby>

❀ 회화연습 단어

ドア 문　　　つくえ 책상　　　　　<ruby>財布<rt>さい ふ</rt></ruby> 지갑　　　ベッド 침대

<ruby>荷物<rt>に もつ</rt></ruby> 짐　　どういたしまして 천만에요　　かいだん 계단

3. 다음을 일본어로 바꿔보시오.

1) 山田^{やまだ}씨는 슈퍼마켓 안에 있습니다.

   →

2) 가방은 문 앞에 있습니다.

   →

3) 방 안에 누군가 있나요?

   →

4) 아니오, 아무도 없습니다.

   →

4. 다음 한자를 읽는 법과 뜻을 적으시오.

1) 免税店   2) 部屋

3) 右   4) 荷物

5) 上

5. 다음 문장에서 틀린 곳이 있다면 찾아 바로 고치시오.

1) ホテルの ロビーに 木^きが います。

2) バスの 中^{なか}に だれか いません。

3) お金^{かね}は 財布^{さいふ}の 中^{なか}に います。

4) 木村^{きむら}さんは どこに いますか。

7 本当においしいですね。

키무라씨와 김영진씨가 식사를 마치고 한일간의
음식에 대해 말하고 있다.

ウエートレス： いらっしゃいませ。こちらへ どうぞ。

木村 ： すみません。冷麺 お願いします。

金 ： 私も 冷麺ください。

それから 冷たい ビールも いっぽん。。。

ウエートレス： 冷麺ふたつに ビール いっぽんですね。

わかりました。

木村 ： ごちそうさまでした。ほんとうに おいしいですね。

金 ： 日本の 冷麺は どうですか。

木村 ： 日本も おいしいです。でも、韓国より 高いですよ。

金 ： そうですか。

웨이트리스 ： 어서오십시오.

木村 ： 미안합니다. 냉면 부탁합니다.

金 ： 저도 냉면 주세요. 그리고 차가운 맥주도 한병...

웨이트리스 ： 냉면 둘에 맥주 한병이시죠? 알겠습니다.

<ruby>木<rt>き</rt></ruby> <ruby>村<rt>むら</rt></ruby>	:	잘 먹었습니다. 정말 맛있네요.
金	:	일본 냉면은 어떻습니까?
<ruby>木<rt>き</rt></ruby> <ruby>村<rt>むら</rt></ruby>	:	일본도 맛있습니다. 하지만 한국보다 비싸요.
金	:	그렇습니까?

새로운 단어

いらっしゃいませ	어서오십시오.
こちらへどうぞ	이쪽으로 오십시오.
<ruby>冷麺<rt>れいめん</rt></ruby>	냉면
ください	주세요.
それから	그리고
<ruby>冷<rt>つめ</rt></ruby>たい	차갑다.
ビール	맥주
ふたつ	둘, 두개
いっぽんですね	한 병이시죠?
「1<ruby>本<rt>ぽん</rt></ruby>(한 병) + ですね	(~이군요, 이시죠?)가 합쳐진 말」
ごちそうさまでした	잘 먹었습니다(⇒ いただきます : 잘 먹겠습니다)
ほんとうに	정말로
おいしい	맛있다.
どうですか	어떻습니까?
でも	하지만
より	~보다
<ruby>高<rt>たか</rt></ruby>いですよ 비싸요 「<ruby>高<rt>たか</rt></ruby>い(비싸다) + ですよ(~예요)가 합쳐진 말」	

▌체크 1 い형용사

일본어의 형용사는 크게 い형용사와 な형용사로 구분된다.

여기서는 い형용사에 대해 알아본다.

い형용사 : 기본형의 마지막 글자가 「い」

만약 「い」가 아닌 다른 글자로 끝났다면 그것은 い형용사가 아니다.

예) 寒い(춥다)　　暑い(덥다)　　多い(많다)　　少ない(적다)

　　高い(비싸다, 높다)　安い(싸다)　　やさしい(쉽다)　むずかしい(어렵다)

▌체크 2 おいしいです

A : 今日、寒い? (오늘 춥니?)

B : うん、寒い。(응, 추워.)

위와 같이 기본형만으로도 친구간에 회화를 할 수 있다.

그러나, 정중하게 얘기할 때는 기본형 다음에 **です**를 붙여야만 한다.

- 日本語は やさしいです。 일본어는 쉽습니다.
- この ホテルは 日本人が 多いです。 이 호텔은 일본인이 많습니다.

체크 3 冷(つめ)たい ビールも いっぽん

「춥다 + 겨울 → 추운 겨울」처럼 뒤에 나오는 명사(겨울)를 꾸며줄 때, 한국어에서는 「춥다」가 「추운」으로 활용해야만 하나, い형용사는 기본형 다음에 명사를 붙이는 것만으로 자동적으로 꾸며주게 된다.

- やさしい 日本語(に ほん ご)　쉬운 일본어
- ここは 日本人(に ほんじん)が 多(おお)い ホテルです。여기는 일본인이 많은 호텔입니다.

체크 4 조수사

	박(泊)	병, 자루, 그루	마실것(잔)	물건	얇은 것(장)
1	いっぱく	いっぽん	いっぱい	ひとつ	いちまい
2	にはく	にほん	にはい	ふたつ	にまい
3	さんぱく	さんぼん	さんばい	みっつ	さんまい
4	よんぱく	よんほん	よんはい	よっつ	よんまい
5	ごはく	ごほん	ごはい	いつつ	ごまい
6	ろっぱく	ろっぽん	ろっぱい	むっつ	ろくまい
7	ななはく	ななほん	ななはい	ななつ	ななまい
8	はっぱく	はっぽん	はっぱい	やっつ	はちまい
9	きゅうはく	きゅうほん	きゅうはい	ここのつ	きゅうまい
10	じゅっぱく	じゅっぽん	じゅっぱい	とお	じゅうまい
	何泊(なん ぱく)	何本(なん ぼん)	何杯(なん ばい)	いくつ	何枚(なん まい)

- コーヒーを いっぱい お願(ねが)いします。커피를 한잔 부탁합니다.
- 今日(きょう)から 何泊(なんぱく)ですか? 오늘부터 몇 박이십니까?

  ❀ 단어 : 何泊(なん ぱく) 몇 박

회화연습 & 문제

1. 주어진 정보를 가지고 예와 같이 주문을 해 봅시다.

예)

물건	수량	주문 및 확인
예) 주스(ジュース) 콜라(コーラ)	3병 1병	주문 : すみません、ジュース さんぼんと コーラ いっぽん ください。 확인 : ジュース さんぼんと コーラ いっぽんですね。
맥주(ビール) 커피(コーヒー)	1병 2잔	
우동(うどん) 튀김(てんぷら)	하나 셋	
우표 (きって) 볼펜(ボールペン)	8장 1자루	

2. 수량은 각자 생각해서 회화 내용에 맞게 옆 사람과 대화해 보시오.

A : すみません、この あかい ボールペンは いくらですか。

B : 100円です。

A : じゃ、にほん ください。

B : はい、 全部で 200円です。

① おおきい シャツ   가격 : 한 장(1枚)에 2천엔

② ちいさい りんご   가격 : 한 개(ひとつ)에 300원

③ 冷たい ビール   가격 : 한 병(一本)에 450엔

3. 다음과 같이 주어진 말을 사용해서 옆 사람과 대화를 해 보시오

<日本語 VS 英語>

A : 日本語は どうですか。

B : 日本語も おもしろいですが、 英語より むずかしいです。

① 日本の ホテル VS 韓国の ホテル　　　いい　　　高い

② 日本の 食べ物 VS 韓国の 食べ物　　おいしい　　あまい

③ 東京 VS ソウル　　　　　　　　　人が 多い　　ふるい

❋ 회화연습 단어
あかい 빨갛다	おおきい 커다랗다	シャツ 셔츠	ちいさい 작다
おもしろい 재미있다	いい 좋다	食べ物 음식	あまい 달다
ソウル 서울	ふるい 낡다		

4. 다음 (　)안에 알맞은 말을 넣으시오.

1) ひとつ － ふたつ － (　　) － よっつ － (　　)

2) いっぱく － にはく － (　　) － よんぱく

3) (　　) － にほん － さんぼん － (　　)

5. 다음을 일본어로 고치시오.

1) 어서 오십시오.

→

2) 오늘부터 몇 박이십니까?

→

3) 이쪽으로 오시지요.

→

4) 잘 먹었습니다.

→

5) 잘 먹겠습니다.

→

6. 다음 문장을 한 문장으로 만드시오.

1) あそこに 店が あります。　　安いです。

→

2) これは 韓国の キムチです。　　おいしいです。

→

3) これは 日本語の本です。　　おもしろいです。

→

7. 다음 문장을 읽고 ( )안에 맞으면 ○, 틀리면 × 하시오.

1) 金_{キム}さんは 木村_{きむら}さんより 背_せが 高_{たか}いです。

田中_{たなか}さんは 木村_{きむら}さんより 背_せが 低_{ひく}いです。

→ 金_{キム}さんは 田中_{たなか}さんより 背_せが 高_{たか}いです。(　　　)

2) 私_{わたし}の 車_{くるま}は 金_{キム}さんの 車_{くるま}より ふるいですが、高_{たか}いです。

→ 金_{キム}さんの 車_{くるま}は 私_{わたし}の 車_{くるま}より 高_{たか}いです。(　　　)

3) きのうは 25度_どでした。

今日_{きょう}は 30度_どです。

→ 今日_{きょう}は きのうより 暑_{あつ}いです。(　　　)

❄ 연습문제 단어

| 店_{みせ} 가게 | 背_せが 高_{たか}い 키가 크다 | 背_せが 低_{ひく}い 키가 작다 | 度_ど 도 |

 읽을거리

지진

일본 전 지역이 지진대로 되어 있으므로, 지진의 발생률이 세계 어느 지역보다 높다. 연간 몸으로 느껴지는 정도의 지진이 발생하는 횟수만도 1,450여 회고, 몸으로 느끼지는 못하지만 지진계에 나타난 지진까지 합한다면 1년에 4,000~10,000여 회의 지진이 발생한다고 한다. 특히, 1923년 東京을 중심으로 진도 7.0 이상의 대지진이 일본 곳곳에 십여 차례나 일어나 인명 및 재산에 많은 피해를 주었다.

일본에서는 70년마다 대지진이 일어난다는 '70년 주기설'이 있다. 1923년에 관동 대지진이 있었고, 1995년 1월 17일의 고베 대지진도 약 70년 만에 일어났다는 것이다.

도쿄 시는 위험 지역으로 지정된 지구 내에 있는 건물들의 안전을 위해 정기적 검사를 시행하고 있다. 학교와 작업장에선 일 년 동안 수 차례 대피 훈련이 행해진다. 어떤 가정은 마시는 물이나 건조시킨 음식 같은 위험시 필수적인 물품을 담은 배낭을 항상 준비해 놓고 있다.

8 安くておいしいです。

오늘 한국에 온 키무라씨가 레스토랑에서 음식을 시킨다

ウエートレス: いらっしゃいませ。こちらへ どうぞ。

木村 : どうも。

ウエートレス: ご注文は?

木村 : そうですね。

ウエートレス: これは いかがですか。安くて おいしいです。

木村 : からくないですか。

ウエートレス: いいえ、あまり からくないです。

木村 : じゃ、それを ください。ところで、今日は ほんとうに 暑いですね。昨日も 暑かったですか。

ウエートレス: いいえ、昨日は あまり 暑くなかったです。

웨이트리스 : 어서오십시오. 이쪽으로 오세요.

木村 : 고맙습니다.

웨이트리스 : 주문은요?

木村(きむら)   :   글쎄요.

웨이트리스   :   이것은 어떠십니까? 싸고 맛있습니다.

木村(きむら)   :   맵지 않습니까?

웨이트리스   :   아니요. 그리 맵지 않습니다.

木村(きむら)   :   그럼 그것을 주세요. 그런데, 오늘은 정말 덥군요.

                    어제도 더웠습니까?

웨이트리스   :   아니요. 어제는 그리 덥지 않았습니다.

새로운 단어

ウエートレス	웨이트리스
どうも	고마워요
ご注文(ちゅうもん)	주문
そうですね	글쎄요
いかがですか	어떠십니까? (⇒ どうですか의 공손한 표현)
からくないですか	맵지 않습니까? (⇒ からい의 부정표현)
あまり	그다지, 별로
ところで	그런데

■ 체크1 安くて おいしいです。

い형용사의 마지막 글자 「い」를 「くて」로 바꾸면 「~이고, ~해서」라는 의미가 된다.

- 日本語は やさしくて おもしろいです。 일본어는 쉽고 재미있습니다.
- さむくて 風も 強いです。 춥고 바람도 강합니다.

※ 단어
風 바람   強い 강하다

■ 체크2 辛くないですか。

부정형태 : い형용사의 마지막 글자 「い」 대신에 「くない」를 붙인다.

정중하게 나타낼 때는 「くない」 뒤에 です를 붙이면 된다.

- 日本の 物価は 安くないです。 일본의 물가는 싸지 않습니다.
- あまり おいしくないです。 그다지 맛있지 않습니다.

「くないです」는 「くありません」으로 바꾸어 표현할 수도 있는데, 회화체에서는 「くないです」 쪽을 더 많이 사용하는 경향이 있다.

※ 단어
物価 물가

■ 체크 3　昨日(きのう)も　暑(あつ)かったですか。

과거형태 :　い형용사의 마지막 글자「**い**」대신에「**かった**」를 붙인다.

　　　　　　정중하게 나타낼 때는「**かった**」뒤에 **です**를 붙이면 된다.

- テストは むずかしかったですか。시험은 어려웠습니까?
- 昨日(きのう)の コンサートは すばらしかったです。어제 콘서트는 멋있었습니다.

❋ 단어
　　コンサート 콘서트　　　すばらしい 멋지다

■ 체크 4　あまり　暑(あつ)くなかったです。

과거부정형태 : い형용사의 마지막 글자「**い**」대신에「**くなかった**」를 붙인다.

　　　　　　정중하게 나타낼 때는「**くなかった**」뒤에 **です**를 붙이면 된다.

- 映画(えいが)は おもしろくなかったです。영화는 재미있지 않았습니다.
- あまり むずかしくなかったです。그다지 어렵지 않았습니다.

「**くなかったです**」는「**くありませんでした**」로 표현할 수도 있다.

체크 5 활용할 때 주의해야 할 い형용사「いい」

いい(좋다)

→ いいです(좋습니다)

→ よくないです(좋지 않습니다)

→ よかったです(좋았습니다)

→ よくなかったです(좋지 않았습니다)

→ よくて(좋고, 좋아서)

회 화 연 습 & 문 제

1. 다음과 같이 주어진 말을 사용해서 옆 사람과 대화를 해 보시오

A : 旅行は どうでしたか。

B : 楽しかったです。

A : 寒くなかったですか。

B : いいえ、 あまり 寒くなかったです。

① 日本　　　　いい　　　　暑い

② 映画　　　　おもしろい　　　　高い

③ レストラン　　おいしい　　　　ふるい

2. 다음과 같이 주어진 말을 사용해서 옆 사람과 대화를 해 보시오

A : 韓国の 地下鉄は どうですか。(速い　安い)

B : 速くて 安いです。

① この レストランは どうですか。　(安い　　おいしい)

② あの ホテルは どうですか。　　(きたない　うるさい)

③ 韓国旅行は どうですか。　　(近い　　　安い)

3. 다음과 같이 주어진 말을 사용해서 옆 사람과 대화를 해 보시오

A : ラーメンは いかがですか。

B : からくないですか。

A : いいえ、あまり からくないです。

B : じゃ、それを ください。

① とんかつ　　　　熱い

② ビビンパ　　　　高い

③ プルゴギ　　　　しょっぱい

❀ 회화연습 단어

楽しい 즐겁다	映画 영화	地下鉄 지하철	速い 빠르다
きたない 지저분하다	うるさい 시끄럽다	近い 가깝다	ラーメン 라면
とんかつ 돈까쓰	熱い 뜨겁다	プルゴギ 불고기	しょっぱい 짜다

4. 다음 한자를 읽고 뜻을 적으시오.

1) 地下鉄

2) 旅行

3) 注文

4) 今日

5) 暑い

6) 安い

7) 高い

8) 近い

5. 다음 밑줄친 말은 い형용사가 활용된 것입니다. 기본형을 적으시오

1) とても おいしかったです。

→

2) ソウルは 東京_{とうきょう}より 寒_{さむ}いですね。

→

3) 田中_{た なか}さんは 背_せが 高_{たか}くて やさしい 人_{ひと}です。

→

4) 北海道_{ほっかいどう}は あまり 近_{ちか}くありません。

→

5) よかったですね。

→

6. 다음 질문에 대해 각각 답하시오.

1) 韓国の 物価は 高いですか。

　→ はい,

　→ いいえ,

2) 今日は 暑いですか。

　→ はい,

　→ いいえ,

3) 旅行は 楽しかったですか。

　→ はい,

　→ いいえ,

4) 日本は 寒かったですか。

　→ はい,

　→ いいえ,

9 いつも にぎやかですね。

타나카씨에게 오늘 묵을 호텔에 대해 안내하고
있다.

ガイド　：あの ホテルが 田中さんの ホテルです。

田中　：あの 高いビルですか。

ガイド　：はい、そうです。部屋は 少し せまいですが、とても きれ
　　　　いな ホテルです。
　　　　それに ホテルマンも 親切です。

田中　：そうですか。
　　　　ホテルの 中に カジノも ありますか。

ガイド　：いいえ、カジノは ありません。田中さんは カジノが 好き
　　　　ですか。

田中　：はい、好きです。上手じゃありませんが。

가이드　：저 호텔이 타나카씨(가 묵을) 호텔입니다.

田中　：저 높은 빌딩이요?

가이드 : 예, 그렇습니다. 방은 조금 좁습니다만, 매우 깨끗한 호텔입니다.

　　　　게다가 호텔 직원도 친절합니다.

田中 : 그렇습니까?

　　　　호텔안에 카지노도 있습니까?

가이드 : 아니요. 카지노는 없습니다. 타나카씨는 카지노를 좋아하십니까?

田中 : 예, 좋아합니다. 잘하지는 않지만요.

새로운 단어

ビル	빌딩
少し	조금
せまい	좁다
きれいな	깨끗한 (⇒ きれいだ)
それに	게다가
ホテルマン	호텔 직원
親切です	친절합니다(⇒ 親切だ)
カジノ	카지노
上手じゃありませんが	잘하지는 않지만요 (⇒ 上手だ)

체크 1 **な형용사**

な형용사 : 기본형의 마지막 글자가 「**だ**」

만약 「だ」가 아닌 다른 글자로 끝났다면 그것은 な형용사가 아니다.

예)

有名だ(유명하다)　　大切だ(중요하다)　　簡単だ(간단하다)

便利だ(편리하다)　　親切だ(친절하다)　　元気だ(건강하다)

체크 2 **とても きれいな ホテルです。**

앞서 설명한 い형용사와는 달리 な형용사는 바로 뒤에 오는 명사를 꾸며줄 때,
마지막 글자 「だ」를 「な」로 바꿔주어야만 한다.

부연설명하자면, 뒤에 오는 명사를 꾸며줄 때, 마지막 글자가 「い」인 상태에서
뒤의 명사를 꾸며주므로 い형용사라고 하며, な형용사는 뒤의 명사를 꾸며줄
때, 마지막 글자 「だ」가 「な」로 바뀌기 때문에 な형용사라고 하는 것이다.

- ハンサムな 人が 多いです。 잘생긴 사람이 많습니다.
- 京都は 観光地として 有名な ところです。

  쿄토는 관광지로서 유명한 곳입니다.

❊ 단어

ハンサムだ 잘생겼다　　京都 쿄토(일본 지명)　　観光地 관광지

として ~로서　　　　　ところ 곳

체크 3　ホテルマンも 親切^{しんせつ}です。

정중 형태 : 마지막 글자 **だ**를 없애고 **です**를 붙인다.

- あの ホテルは とても きれいです。 저 호텔은 매우 깨끗합니다.
- パスポートが いちばん 大切^{たいせつ}です。 여권이 제일 중요합니다.

❋ 단어
　　いちばん　가장, 제일

체크 4　上手^{じょうず}じゃありません。

부정 형태 : 마지막 글자 **だ**대신에 **じゃありません**으로 바꾸면 된다.
(명사의 부정형태와 같다)
회화에서는 「じゃありません」 대신 「じゃないです」도 많이 사용된다.

- あの お寺^{てら}は あまり 有名^{ゆうめい}じゃありません。
  저 절은 그다지 유명하지 않습니다.
- 部屋^{へや}は あまり きれいじゃないです。
  객실은 그다지 깨끗하지 않습니다.

❋ 단어
　　お寺^{てら} 절, 사찰

체크 5 주의해야 할 조사

「~을 잘한다」라고 할 때 上手だ 앞에서 「を」를 넣기 쉬운데, 일본인들은 습관적으로 「が」를 사용한다.

이 밖에도 下手だ(못한다), 好きだ(좋아한다), きらいだ(싫어한다), できる(할 수 있다) 등의 말 앞에서 「~을」에 해당되는 조사는 반드시 が를 사용해야만 한다.

- 私は 和食が 好きです。 나는 일식을 좋아합니다.

- 田中さんは スポーツが 下手です。 타나카씨는 스포츠를 못합니다.

※ 단어
和食 일식   スポーツ 스포츠

회화연습 & 문제

1. 다음과 같이 주어진 말을 사용해서 옆 사람과 대화를 해 보시오.

A : 田中さんは カジノが 好きですか。

B : はい、 好きです。 でも、 ルーレットは あまり 好きじゃありません。

① 韓国の 食べ物   辛いもの

② お酒   ビール

③ スポーツ   サッカー

2. 다음과 같이 주어진 말을 사용해서 옆 사람과 대화를 해 보시오.

A : 部屋<small>へや</small>は 少<small>すこ</small>し せまいですが、とても きれいな ホテルです。

B : そうですか。

A : はい、それに ホテルマンも 親切<small>しんせつ</small>です。

① ねだん 高<small>たか</small>い   /   親切<small>しんせつ</small>だ 店<small>みせ</small>   /   料理<small>りょうり</small> おいしい
② 背<small>せ</small> 低<small>ひく</small>い   /   ハンサムだ 人<small>ひと</small>   /   あたま いい
③ キムチ からい   /   有名<small>ゆうめい</small>だ 食<small>た</small>べ物<small>もの</small>   /   ねだん 安<small>やす</small>い

3. 다음과 같이 주어진 말을 사용해서 옆 사람과 대화를 해 보시오.

A : 金<small>キム</small>さんは 旅行<small>りょこう</small>が すきですか。

B1 : はい、とても 好<small>す</small>きです。

B2 : いいえ、あまり 好<small>す</small>きじゃありません。

① 金<small>キム</small>さん   カジノ   きらいだ
② あの 人<small>ひと</small>   歌<small>うた</small>   上手<small>じょうず</small>だ
③ あの 人<small>ひと</small>   スポーツ   下手<small>へた</small>だ

❊ 회화연습 단어
ルーレット(roulette) 카지노게임의 일종	もの 것, 물건	サッカー 축구
ねだん 가격	料理<small>りょうり</small> 요리	あたま 머리	歌<small>うた</small> 노래

4. 다음을 한 문장으로 고치시오.

1) ここは 静かです。ここは ホテルです。

  →

2) あそこは 有名です。 あそこは レストランです。

  →

3) 木村さんは とても 親切です。木村さんは ホテルの ドアマンです。

  →

5. 다음 질문들에 대해 부정의 대답을 해 보시오.

1) からい キムチは きらいですか。

  →

2) あの ホテルは 有名ですか。

  →

3) あの ホテルマンは 親切ですか。

  →

6. 다음 그림을 보고 질문에 답하시오.

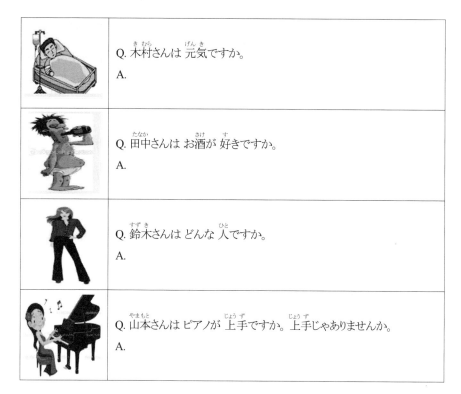

	Q. 木村さんは 元気ですか。 A.
	Q. 田中さんは お酒が 好きですか。 A.
	Q. 鈴木さんは どんな 人ですか。 A.
	Q. 山本さんは ピアノが 上手ですか。上手じゃありませんか。 A.

❋ 연습문제 단어
　　ピアノ 피아노

10 静かで ホテルマンも 親切でした。

호텔에 투숙한 뒤 다음날 호텔에 대한 느낌을
얘기하고 있다

フロント : いらっしゃいませ。ようこそ 韓国ホテルへ。

田中 : どうも。

フロント : お客さまの お名前を どうぞ。

田中 : 田中です。

フロント : 田中さま、お部屋は 731号室です。こちらは お部屋

　　　　　の キーです。では ごゆっくり どうぞ。

田中 : ありがとう。

　　　　　　　　　　　　　　　　　　　　　　　　　　　

ガイド : 昨日の ホテルは どうでしたか。

田中 : そうですね。静かで ホテルマンも 親切でした。でも、

　　　　　あまり きれいじゃありませんでした。

ガイド : そうでしたか。

プロント : 어서오십시오. 韓国호텔에 잘 오셨습니다.

타나카 : 고마워요.

프론트 : 손님의 성함을 말씀해 주십시오.

타나카 : 타나카입니다.

프론트 : 타나카 손님, 객실은 731호실입니다. 이것은 객실 키입니다.

그럼 편안한 시간 되십시오.

타나카 : 고맙습니다.

....

가이드 : 어제 호텔은 어땠습니까?

타나카 : 글쎄요. 조용하고 호텔 직원도 친절했습니다. 그렇지만,

그리 깨끗하지는 않았습니다.

가이드 : 그러셨습니까?

새로운 단어

ようこそ	잘 오셨습니다.
さま	님(⇒ さん의 공손한 표현)
号室こうしつ	호실
キー	열쇠(⇒ かぎ라고도 한다)
ごゆっくりどうぞ	편안한 시간 되십시오.
静しずかだ	조용하다

체크 1　な형용사 で형

な형용사의 마지막 글자 「だ」를 「で」로 바꾸면 「~이고, ~해서」라는 의미가 된다.

- 韓国の 高麗人参は 日本人に 有名で、 ねだんも 安いです。

  한국의 고려인삼은 일본인에게 유명하고, 가격도 쌉니다.

- ホテルの ベルマンは 親切で、 背も 高いです。

  호텔의 벨맨은 친절하고 키도 큽니다.

❀ 단어

高麗人参 고려인삼

체크 2　과거형

과거형태 : な형용사의 마지막 글자 「だ」 대신에 「だった」를 붙인다.

정중하게 나타낼 때는 「だ」 대신에 **でした**를 붙이면 된다.

- むかしは 観光名所としても 有名だった。

  옛날에는 관광명소로서도 유명했었다.

- 昨日の レストランは きれいでした。

  어제 레스토랑은 깨끗했습니다.

❀ 단어

観光名所 관광명소

체크 3 과거부정형

과거부정형태 : な형용사의 마지막 글자 「**だ**」대신에 「**じゃなかった**」를 붙인
다.

정중하게 나타낼 때는 「**じゃなかった**」뒤에 **です**를 붙이면 된다.

- 手続^{て つづ}きは あまり 簡単^{かんたん}じゃなかった。 수속은 그리 간단하지 않았다.
- 東京駅^{とうきょうえき}は きれいじゃなかったです。 동경역은 깨끗하지 않았습니다.

「**じゃなかったです**」는 「**じゃありませんでした**」로 표현할 수도 있다.

❋ 단어
　　手続^{て つづ}き 수속　　　　　駅^{えき} 역

일본의 산과 강

일본하면 가장 먼저 떠오르는 후지산은 **東京**에서 서쪽으로 약 100킬로미
터 떨어진 곳에 있으며 남쪽으로는 시즈오카현, 북쪽으로는 야마나시현에
속한다. 수 차례의 분화를 하는 동안 지금의 모습을 하게 되었는데 가장
최근의 분화는 1707년에 산 중턱의 분화였다.
　지금은 쉬고 있는 휴화산이며 북측에는 다섯 개의 아름다운 호수가 있
어서 후지고코(富士五湖)라고 한다. 후지산의 윗 부분에는 초목이 자라지
않으며, 1년 내내 눈이 덮혀 있는 곳도 있다.
　일반인들이 후지산에 오를 수 있는 기간은 7월초부터 8월말까지이다.
　　　　　후지산은 일본인들이 가장 자랑스럽게 생각하여 정초에 후지산을 꿈에
보면 일 년 동안 운수가 좋다고 전해진다.
　한편, 일본은 산이 많고 바다 가까이까지 산지인 곳이 많기 때문에 강은 보통 짧은 편이다. 일본에서 가장
긴 강은 길이가 367킬로미터인 시나노가와(信濃川)이다.
　일본의 강은 짧고 흐름이 빨라서 강에는 물이 그리 많지 않다. 그러나 장마(梅雨) 때나 태풍이 올 때는 물
이 갑자기 불어서 범람하는 수가 있다.

회 화 연 습 & 문 제

1. 다음과 같이 주어진 말을 사용해서 옆 사람과 대화를 해 보시오.

フロント : いらっしゃいませ。ようこそ 韓国（かんこく）ホテルへ。

田中（たなか） : どうも。

フロント : お客（きゃく）さまの お名前（なまえ）を どうぞ。

田中（たなか） : 田中（たなか）です。

フロント : 田中（たなか）さま、 お部屋（へや）は 731号室（ごうしつ）です。こちらは お部屋（へや）の

キーです。ではごゆっくりどうぞ。

田中（たなか） : ありがとう。

① ロッテホテル(롯데 호텔)　　　　　　木村（きむら）　　1201号室（ごうしつ）
② ルネサンスホテル(르네상스 호텔)　鈴木（すずき）　　602号室（ごうしつ）
③ シーラホテル(신라 호텔)　　　　　　伊藤（いとう）　　513号室（ごうしつ）

2. 다음과 같이 주어진 말을 사용해서 옆 사람과 대화를 해 보시오.

A : ホテルは どうでしたか。

B : ホテルマンは 親切でした。でも、交通は あまり 便利じゃありません
でした。

① 部屋　　　　きれいだ　　　ホテルマン　　　親切だ

② 日本　　　　にぎやかだ　　さしみ　　　　　新鮮だ

③ レストラン　　静かだ　　　　テーブル　　　　きれいだ

3. 다음과 같이 주어진 말을 사용해서 옆 사람과 대화를 해 보시오.

A : ホテルは どうでしたか。

B : 親切で 交通も 便利でした。それに 部屋も きれいでした。

① 部屋?　　　きれいだ　　　ホテルマン　親切だ / 料理　　　おいしい

② 日本?　　　にぎやかだ　　さしみ　　　新鮮だ / 人々　　　やさしい

③ レストラン?　静かだ　　　　テーブル　きれいだ / 値段　　安い

❄ 회화연습 단어

にぎやかだ 번화하다　　　さしみ 생선회　　　新鮮だ 신선하다

テーブル 테이블　　　人々 사람들　　　やさしい 상냥하다

---

4. 다음을 예와 같이 완성하시오.

예) きれいです。

きれいでした。 (과거)

きれいじゃありません。 (부정)

きれいじゃなかったです。 (과거부정)

1) ひまです

(   )

(   )

(   )

2) まじめです

(   )

(   )

(   )

3) 好きです

(   )

(   )

(   )

5. 다음 주어진 단어를 활용해서 질문에 자유롭게 답하시오.

やさしい	むずかしい	きれいだ	不便(ふべん)だ	いい	せまい
高(たか)い	安(やす)い	親切(しんせつ)だ	若(わか)い	まじめだ	

1) テストは どうでしたか。

2) ホテルは どうでしたか。

3) 日本(にほん)は どうでしたか。

4) ホテルマンは どうでしたか。

6. 다음 질문을 주어진 말을 이용하여 대답해 보시오.

1) ソウルは にぎやかですか。 (はい、とても)

    →

2) 田中(たなか)さんは きれいですか。 (いいえ)

    →

3) 木村(きむら)さんは どんな 人(ひと)ですか。 (ハンサムだ、まじめだ)

    →

4) 昨日(きのう)は ひまでしたか。 (いいえ)

    →

❋ 연습문제 단어
ひまだ 한가하다

バスで ロッテワールドに 行きます。

키무라씨가 오늘 관광 일정에 대해 묻고 있다.

木村 : 今日の スケジュールは 何ですか。

ガイド : 9時に ホテルを 出ます。

それから バスで ロッテワールドに 行きます。

木村 : ロッテワールドまでは どの くらいですか。

ガイド : 1時間くらい かかります。

木村 : そうですか。昼ごはんは どこで 食べますか。

ガイド : 近くに 韓国レストランが あります。

メニューは ブルゴギと ビールです。

木村 : ビールですか。私は ビールは 飲みません。日本酒を
お願いします。

ガイド : はい、わかりました。

키무라 : 오늘 일정은 뭐예요?

가이드 : 9시에 호텔을 출발합니다.

그리고 버스로 롯데월드에 갑니다.

키무라 : 롯데월드까지는 어느정도입니까?

가이드 : 1시간정도 걸립니다.

키무라 : 그렇습니까? 점심은 어디서 먹나요?

가이드 : 근처에 한국 레스토랑이 있습니다.

　　　　　메뉴는 불고기와 맥주입니다.

키무라 : 맥주요? 저는 맥주는 마시지 않습니다. 정종을 부탁할게요.

가이드 : 예, 알겠습니다.

 새로운 단어

出ます	나옵니다, 출발합니다(⇒ 出る)
で	~에서, ~으로
ロッテワールド	롯데월드(한국의 테마파크명)
行きます	갑니다 (⇒ 行く)
どのくらい	얼마나, 어느 정도 (⇒ どの + くらい)
時間	시간
かかります	걸립니다 (⇒ かかる)
食べますか	먹습니까? (⇒ 食べる)
近く	근처
メニュー	메뉴
飲みません	않마십니다 (⇒ 飲む)
日本酒	정종

체크 1 동사와 동사 종류

동사의 특징

동사 : 기본형의 마지막 글자를 읽어보았을 때 모음이 「ㅜ」

　　　예) あう (만나다)　　　のむ (마시다)　　　たべる (먹다)　　　かく (적다)

예로 들은 것들의 마지막 글자를 읽어보면 각각 「う(우) む(무) る(루) く(쿠)」로 끝났다.

공통적으로 「ㅜ」라는 모음을 갖고 있다는 것을 알 수 있다.

결론적으로 동사 기본형의 마지막 글자는 「う く ぐ す つ ぬ ぶ む る」 중의 한 글자이다.

동사의 종류

동사는 1그룹, 2그룹, 3그룹의 3종류가 있다.

각각의 동사마다 활용하는 방법이 다르므로 반드시 구별할 수 있어야 한다.

1그룹동사 :

　1) 마지막 글자가 る가 아닌 것.

　2) 마지막 글자가 る로 끝나고 る앞의 모음이 「ㅣ」나 「ㅔ」가 아닌 것.

　　　예) 行く(가다)　　　飲む(마시다)　　　待つ(기다리다)
　　　　　呼ぶ(부르다)　　　乗る(타다)　　　会う(만나다)

2그룹동사 : 마지막 글자가 る로 끝나고 る앞의 모음이 「ㅣ」나 「ㅔ」인 것.

　　　예) 起きる(일어나다)　　　見る(보다)　　　食べる(먹다)　　　寝る(자다)

3그룹동사 : くる(오다) する(하다) 단 두 개뿐이다.

* 예외적으로 「帰る(돌아가다) 入る(들어가다) 知る(알다) 切る(자르다) 走る(달리다)」 등은 생김새는 2그룹 동사이나 활용은 1그룹 동사로 취급하는 예외 1그룹동사이다.

체크 2 **ます**

지금까지 정중한 표현을 나타낼 때 です를 붙인다고 하였다.

先生です。   おいしいです。   親切です。

동사는 정중하게 표현할 때 「です」를 붙이지 않고, 「**ます**」를 붙임에 주의하자.

정중형태

1그룹동사 : 마지막 글자의 모음 「ㅜ」를 「ㅣ」로 바꾸고 **ます**를 붙인다.

ㅏ	あ	か	さ	た	な	は	ま	や	ら	わ	ん
ㅣ	い	き	し	ち	に	ひ	み			り	
ㅜ	う	く	す	つ	ぬ	ふ	む	ゆ	る		
ㅔ	え	け	せ	て	ね	へ	め			れ	
ㅗ	お	こ	そ	と	の	ほ	も	よ	ろ	を	

2그룹동사 : 마지막 글자 「る」를 없애고 **ます**를 붙인다.

3그룹동사 : する → します

　　　　　　　くる → きます

동사의 종류	기본형	ます형
1그룹동사	会う(만나다) 行く(가다) 飲む(마시다) 待つ(기다리다) 呼ぶ(부르다)	会います(만납니다) 行きます(갑니다) 飲みます(마십니다) 待ちます(기다립니다) 呼びます(부릅니다)
2그룹동사	起きる(일어나다) 食べる(먹다)	起きます(일어납니다) 食べます(먹습니다)
3그룹동사	する(하다) くる(오다)	します(합니다) きます(옵니다)

█ 체크 3 ません

부정형태

ます를 ません으로 바꿔주면 된다.

会う(만나다) → 会います(만납니다) → 会いません(만나지 않습니다)

見る(보다) → 見ます(봅니다) → 見ません(보지 않습니다)

する(하다) → します(합니다) → しません(하지 않습니다)

체크 3   조사 で

で는 장소(~에서)와 수단(~으로)을 나타내는 조사이다.

- 朝ごはんは ホテルで 食べます。 아침은 호텔에서 먹습니다. (장소)
- 免税店で お土産を 買います。 면세점에서 선물을 삽니다. (장소)
- ホテルまでは バスで 行きます。 호텔까지는 버스로 갑니다. (수단)

❋ 단어
お土産 선물

회 화 연 습 & 문 제

1. 다음과 같이 주어진 말을 사용해서 옆 사람과 대화를 해 보시오.

A : どうぞ、おいしいですよ。

B : いいえ、私は ラーメンは 食べません。

① 冷たい   / コーラ   飲む

② おもしろい   / ざっし   読む

③ 便利だ   / バス   乗る

2. 다음과 같이 주어진 말을 사용해서 옆 사람과 대화를 해 보시오.

A : 会議は 何時に 始まりますか。

B : 6時に 始まります。

① 銀行　　　終る　　　4時 30分

② あなた　　帰る　　　6時

③ 木村さん　くる　　　7時

3. 다음과 같이 주어진 말을 사용해서 옆 사람과 대화를 해 보시오.

A : 明日は 何を しますか。

B : 明日は 釜山へ 行きます。

① 今日 / 映画を 見る

② 今晩 / 友だちと お酒を 飲む

③ あさって / 恋人に 会う

4. 다음과 같이 주어진 말을 사용해서 옆 사람과 대화를 해 보시오.

A : あのう、朝<ruby>朝<rt>あさ</rt></ruby>ごはんは どこで 食<ruby>食<rt>た</rt></ruby>べますか。

B : ホテルの レストランで 食<ruby>食<rt>た</rt></ruby>べます。

① バス   乗<ruby>乗<rt>の</rt></ruby>る / ホテルの 入<ruby>入<rt>い</rt></ruby>り口<ruby>口<rt>ぐち</rt></ruby>の 前<ruby>前<rt>まえ</rt></ruby>

② お土産<ruby>土産<rt>みやげ</rt></ruby>   買<ruby>買<rt>か</rt></ruby>う / 近<ruby>近<rt>ちか</rt></ruby>くの 免税店<ruby>免税店<rt>めんぜいてん</rt></ruby>

③ 今日<ruby>今日<rt>きょう</rt></ruby>   寝<ruby>寝<rt>ね</rt></ruby>る / ロッテホテル

> ❋ 회화연습 단어
> ざっし 잡지　読<ruby>読<rt>よ</rt></ruby>む 읽다　会議<ruby>会議<rt>かいぎ</rt></ruby> 회의　始<ruby>始<rt>はじ</rt></ruby>まる 시작되다
> 終<ruby>終<rt>おわ</rt></ruby>る 끝나다　今晩<ruby>今晩<rt>こんばん</rt></ruby> 오늘 밤　恋人<ruby>恋人<rt>こいびと</rt></ruby> 애인　入<ruby>入<rt>い</rt></ruby>り口<ruby>口<rt>ぐち</rt></ruby> 입구

5. 다음을 カタカナ로 적어보시오.

1) 버스

2) 호텔

3) 레스토랑

4) 메뉴

5) 맥주

6. 다음 표를 완성하시오.

동사종류	기본형	~ます	~ません
1그룹동사	会う	会います	会いません
	만나다		
	行く		
	가다		
	食べる		
	먹다		
	着く		
	도착하다		
	起きる		
	일어나다		
	寝る		
	자다		
	帰る		
	돌아가다		
	する		
	하다		
	待つ		
	기다리다		

7. 다음 밑줄 친 곳은 동사가 활용된 것입니다. 기본형을 찾으시오.

1) こちらに <ruby>書<rt>か</rt></ruby>きます。

   →

2) ガイドを <ruby>呼<rt>よ</rt></ruby>びます。

   →

3) バスに <ruby>乗<rt>の</rt></ruby>ります。

   →

4) <ruby>本<rt>ほん</rt></ruby>を <ruby>買<rt>か</rt></ruby>います。

   →

5) <ruby>映画<rt>えいが</rt></ruby>を <ruby>見<rt>み</rt></ruby>ます。

   →

6) <ruby>案内<rt>あんない</rt></ruby>します。

   →

7) 7<ruby>時<rt>じ</rt></ruby>に <ruby>終<rt>おわ</rt></ruby>ります。

   →

8) <ruby>木村<rt>きむら</rt></ruby>さんも いますか。

   →

12 予約しましたか。

타나카씨가 프론트에서 체크인하려 한다.

フロント : いらっしゃいませ。予約しましたか。

田中 : いいえ。あのう、3人ですが、大丈夫ですか。

フロント : 何泊の 予定ですか。

田中 : 今日から 2泊です。

フロント : どんな 部屋が よろしいですか。

田中 : ツインルームを 2つ お願いします。

フロント : はい、かしこまりました。

こちらの カードに お名前とご住所を お願いし

ます。

프론트 : 어서 오십시오. 예약하셨습니까?

타나카 : 아니오. 저, 3명인데 괜찮습니까?

프론트 : 몇 박 예정이십니까?

타나카 : 오늘부터 2박입니다.

프론트　　 : 어떤 방이 좋으시겠습니까?

타나카　　 : 트윈룸을 2개 부탁합니다.

프론트　　 : 예, 알겠습니다.

　　　　　　여기 카드에 성함과 주소를 써 주십시오.

새로운 단어

予約する	예약하다
3人	3명
大丈夫だ	괜찮다
何泊	몇박 (⇒ 7과 참조)
予定	예정
よろしい	좋으시다 (⇒ いい의 공손표현)
ツインルーム	트윈 룸(twin room)
かしこまりました	알겠습니다 (⇒ わかりました의 공손표현)
カード	카드
ご住所	주소

체크 1 동사의 과거형

과거형은 ます를 붙인 상태에서 **ます**를 **ました**로 바꿔주면 된다.

한편, ました 대신 **ませんでした**를 사용하면 과거부정형태가 된다는 것도 알아두자.

ます형	ました(과거형)	ませんでした(과거부정형)
会います(만납니다) 行きます(갑니다) 飲みます(마십니다) 待ちます(기다립니다) 呼びます(부릅니다)	会いました(만났습니다) 行きました(갔습니다) 飲みました(마셨습니다) 待ちました(기다렸습니다) 呼びました(불렀습니다)	会いませんでした(만나지 않았습니다) 行きませんでした(가지 않았습니다) 飲みませんでした(마시지 않았습니다) 待ちませんでした(기다리지 않았습니다) 呼びませんでした(부르지 않았습니다)
起きます(일어납니다) 食べます(먹습니다)	起きました(일어났습니다) 食べました(먹었습니다)	起きませんでした(일어나지 않았습니다) 食べませんでした(먹지 않았습니다)
します(합니다) きます(옵니다)	しました(했습니다) きました(왔습니다)	しませんでした(하지 않았습니다) きませんでした(오지 않았습니다)

체크 2 どんな 部屋

こんな(이런), そんな(그런), あんな(저런), どんな(어떤)의 뒤에는 반드시 명사가 뒤따라 온다.

- こんな かばんも いいですか? 이런 가방도 좋습니까?
- 明日は どんな ことろに 行きますか? 내일은 어떤 곳에 갑니까?

체크 3 객실 타입(Room Type)

- シングル ルーム(Single room)
⇒ 1인용 객실 또는 싱글베드가 있는 객실
- ダブル ルーム(Double room)
⇒ 더블 침대가 있는 객실
- ツイン ルーム(Twin room)
⇒ 싱글베드 2개가 있는 2인용 객실
- トリプル ルーム(Triple room)
⇒ 싱글베드가 3대 설치된 객실. 보통 싱글베드 2개에 extra bed를 추가한다.
- スイート ルーム(Suite Room)
⇒ 침실과 거실이 분리되어 있는 고급 객실

체크 4 「お」와 「ご」

「お」나 「ご」를 명사 앞에 붙여 상대방에게 속하는 것을 정중히 말할 때 사용한다.

일반적으로 고유 일본어 앞에서는 「お」를, 한자어 앞에서는 「ご」를 붙이는 것이 원칙이나 예외도 상당히 많다.

お : お名前(성함)	お話(말씀)	お手洗い(화장실)
ご : ご住所(주소)	ご自宅(자택)	ご連絡(연락)

예외) お電話(전화)	お食事(식사)	お時間(시간) 등..

1. 다음과 같이 주어진 말을 사용해서 옆 사람과 대화를 해 보시오.

A : 昨日 何を しましたか。

B : 映画を みました。とても おもしろかったです。

① 何を たべる?　　木村さんと カルビを 食べる　　おいしい

② 何を する?　　テニスを する　　楽しい

③ どこへ 行く?　　友だちと カラオケに 行く　　歌が 上手だ

2. 다음과 같이 주어진 말을 사용해서 옆 사람과 대화를 해 보시오.

A : 昨日 新聞を 読みましたか。

B : いいえ、読みませんでした。

① テレビを 見る

② お酒を 飲む

③ 学校へ 行く

3. 다음과 같이 주어진 말을 사용해서 옆 사람과 대화를 해 보시오.

フロント : 何泊の 予定ですか。

田 中 : 今日から 2泊です。

フロント : どんな 部屋が よろしいですか。

田 中 : ツインルームを ふたつ お願いします。

フロント : はい、かしこまりました。

① 今日から 3泊　　　トリプルルーム　　　ひとつ
② 明日から 1泊　　　ダブルルーム　　　みっつ
③ 今日から 4泊　　　シングルルーム　　　よっつ

❋ 회화연습 단어

テニス 테니스　　　カラオケ 노래방, 가라오케

---

4. 다음을 일본어로 고치시오.

1) 선물은 면세점에서 사지 않았습니다.

2) きむら씨는 일본에 돌아갔습니다.

3) 어떤 방이 좋으십니까?

4) 내일부터 몇 박 예정이십니까?

5. 다음은 가이드 김영진씨가 어제 たなか씨를 안내한 것에 대해 きむら씨와 이야기하고 있는 장면입니다. 일정표를 참조하여 (　)에 알맞은 말을 적으시오.

9:00 -	バスで はくぶつかんへ 行く
10:00 - 1:00	はくぶつかんを 案内する
1:30 - 2:30	ビビンパを 食べる
3:00 -	ホテルに 帰る

金 : 昨日、田中さんと はくぶつかんへ 行きました。

田中 : そうでしたか。タクシーで 行きましたか。

金 : いいえ、(①　　　　　　　　　　)

田中 : 何時に 帰りましたか。

金 : (②　　　　　　　　)

田中 : じゃ、3時まで はくぶつかんでしたか。

金 : いいえ、1時まで 田中さんを 案内(③　　　　　　　　)

それから 昼ごはんを 食べました。

田中 : プルゴギを 食べましたか。

金 : いいえ、プルゴギは (④　　　　　　　　　　)。ビビンパでした。

おいしかったですよ。

❀ 연습문제 단어
はくぶつかん 박물관　　　　タクシー 택시

일본의 음식

◎ 스시(寿司)

すし(초밥)하면 떠오르는 이미지는 새콤달콤한 밥위에 생선살이 올려져 있는 것일 것이다.

이것은 에도마에즈시(江戸前ずし : 니기리즈시)라 하여 다른 스시와 구별된다.

즉, 일본의 스시는 니기리즈시뿐 아니라 마키즈시(巻きずし : 김으로 말은 것), 이나리즈시(いなりずし : 유부속에 조미한 밥을 넣은 것), 치라시즈시(ちらしずし : 찬합에 밥을 담고 그 위에 생선회를 올린 덮밥) 등 다양하다.

원래, 옛날에는 생선을 보존할 때 소금이나 식초로 절였는데, 여기에 밥을 더한 것이 초밥인 것이다.

에도마에즈시, 즉 니기리즈시는 19세기초, 에도(江戸)에서 처음으로 생선을 절이지 않고, 식초로 만든 밥 위에 생선회를 올린 것이 그 유래라고 한다.

◎ 라면

라면은 원래 중국의 요리였는데, 2차 세계대전 후, 일본 병사들이 귀국하여 만들어 먹은 것이 그 유래이다.

돼지 뼈나 닭 뼈 등을 우려낸 국물에 면을 넣고 고명을 얹은 음식이다.

한국인이 연상하는 라면은 일본에서는 인스턴트 라면(インスタント ラーメン)이라고 하는데, 1958년, 안도 시로후쿠(安藤白福)라는 사람이 튀김요리 과정을 유심히 보다가 밀가루를 가늘게 만들어 기름에 튀기는 라면 제조법을 고안했다고 한다.

그해 가을 日清食品이라는 회사가 국수가락에 양념을 가미한 조미면을 "끓는 물에 2분"이라는 캐치프레이즈를 내걸고 시판한 것이 효시라고 한다.

◎ 튀김

템푸라, 즉 튀김은 16세기에 포르투갈의 선교사가 일본에 전한 "덴페로"라는 요리가 템푸라로 되어 버린 것으로 생선이나 야채에 밀가루를 입힌 후 기름에 튀겨 소스(つゆ、ぽんず)에 찍어 먹는다.

13 電話を しなければなりません。

벨맨의 안내로 객실에 들어온 타나카씨가 객실
설비에 대해 설명을 듣고 있다.

ベルマン : お先に どうぞ。

田中 : どうも。

ベルマン : こちらが 電気の スイッチで、れいぞうこは あちらです。

田中 : はい、わかりました。あのう、日本に 電話を しなければ
　　　　なりませんが。

ベルマン : 国際電話は はじめに 8番です。

田中 : 8番ですね。

ベルマン : はい、そうです。それから、ベルデスクは 5番です。

田中 : どうも ありがとう。

ベルマン : では、ごゆっくり どうぞ。

田中 : あ、あのう、これは チップです。遠慮しないでください。
　　　　どうぞ。

벨 맨 : 먼저 들어가십시오.

타나카 : 예, 고마워요.

벨 맨 : 이것이 전기 스위치이고, 냉장고는 저쪽입니다.

타나카 　　 : 예, 알겠습니다. 저, 일본으로 전화를 해야 하는데요...

벨 맨 　　 : 국제전화는 처음에 8번입니다.

타나카 　　 : 8번이군요.

벨 맨 　　 : 예, 그렇습니다. 그리고 벨데스크는 5번입니다.

타나카 　　 : 고맙습니다.

벨 맨 　　 : 그럼, 편안한 시간 되십시오.

타나카 　　 : 아, 저, 이것은 팁입니다. 사양하지 마세요. 받으세요.

새로운 단어

お先に どうぞ	먼저 들어가십시오.
電気	전기
スイッチ	스위치
国際電話	국제전화
はじめに	먼저, 처음에
番	~번
ベルデスク	벨 데스크(Bell Desk)
では	그럼
チップ	팁(Tip)
遠慮する	사양하다

■ 체크 1   お先に どうぞ。

「お先に(먼저)」와 「どうぞ」가 합해진 표현이다.

「どうぞ」는 영어의 please에 해당하는 말로 「~하세요」라는 의미이다.

어떤 행동과 함께 사용해서 그 상황에 맞게 해석이 된다.

여기서는 객실 문을 열고 손님께 말씀드린 것으로 「먼저 들어가십시오」 정도
로 표현이 된다.

- (엘리베이터 앞에서) お先に どうぞ。
- (먼저 나온 음식을 권하며) お先に どうぞ。

■ 체크 2   동사 ない형

동사에 ない(~지 않다)를 붙여 부정형태로 바꾸는 방법을 설명하기로 한다.

1그룹 동사 : 기본형 마지막 글자의 모음 「ㅜ」를 「ㅏ」로 바꾸고 **「ない」**
단, 会う(만나다), 歌う(노래부르다), 吸う(피우다) 등과 같이 마지막 글자가 「う」
인 1그룹 동사는 「う」를 「わ」로 바꾸고 ない를 붙인다.

ㅏ	あ	か	さ	た	な	は	ま	や	ら	わ	ん
ㅣ	い	き	し	ち	に	ひ	み			り	
ㅜ	う	く	す	つ	ぬ	ふ	む	ゆ	る		
ㅔ	え	け	せ	て	ね	へ	め			れ	
ㅗ	お	こ	そ	と	の	ほ	も	よ	ろ	を	

2그룹 동사 : 마지막 글자 「る」를 없앤 다음 「ない」

3그룹 동사 : する(하다) → **しない**(하지 않다)

くる(오다) → **こない**(오지 않다)

정중하게 나타낼 때는 「**ない**」 뒤에 「**です**」를 붙이면 된다.

동사	기본형	ない형	ないです
1그룹	行く(가다) 飲む(마시다) 待つ(기다리다) 呼ぶ(부르다) 会う(만나다)	行かない(가지 않다) 飲まない(마시지 않다) 待たない(기다리지 않다) 呼ばない(부르지 않다) 会わない(만나지 않다)	行かないです(가지 않습니다) 飲まないです(마시지 않습니다) 待たないです(기다리지 않습니다) 呼ばないです(부르지 않습니다) 会わないです(만나지 않습니다)
2그룹	起きる(일어나다) 食べる(먹다)	起きない(일어나지 않다) 食べない(먹지 않다)	起きないです(일어나지 않습니다) 食べないです(먹지 않습니다)
3그룹	する(하다) くる(오다)	しない(하지 않다) こない(오지 않다)	しないです(하지 않습니다) こないです(오지 않습니다)

체크3 ないでください

「ない」다음에 「でください」를 붙이면 「~하지 마세요」라는 정중한 금지표현으로 뭔가를 하지 않도록 지시할 때 사용된다.

- 写真を 撮らないでください。 사진을 찍지 마세요.
- 芝生に 入らないでください。 잔디밭에 들어가지 마세요.

❄ 단어

歌う 노래부르다   吸う 피우다   撮る 찍다   芝生 잔디밭

체크4 なければなりません。

「ない」 대신에 「なければなりません」을 붙이면 「~하지 않으면 안됩니다. ~해야만 합니다」라는 당연함, 의무를 나타내는 표현이 된다.

- 明日まで 予約しなければなりません。

  내일까지 예약하지 않으면 안됩니다.

- 早く ホテルへ 帰らなければなりません。

  일찍 호텔에 돌아가야만 합니다.

회화연습 & 문제

1. 다음과 같이 주어진 말을 사용해서 옆 사람과 대화를 해 보시오.

A : あのう、ここで 写真を 撮らないでください。

B : あ、どうも すみません。

① たばこを 吸う
② 寝る
③ お酒を 飲む

2. 다음과 같이 주어진 말을 사용해서 옆 사람과 대화를 해 보시오.

A : あした テストが あります。

B : じゃ、勉強<small>べんきょう</small>しなければ なりませんね。

① 釜山<small>い</small>へ 行く　　早<small>はや</small>く 寝<small>ね</small>る
② 映画<small>えいが</small>を 見<small>み</small>る　　予約<small>よやく</small>を する
③ 日本<small>にほん</small>へ 帰<small>かえ</small>る　　お土産<small>みやげ</small>を 買<small>か</small>う

3. 다음과 같이 주어진 말을 사용해서 옆 사람과 대화를 해 보시오.

ベルマン　　：こちらが 電気<small>でんき</small>の スイッチで、れいぞうこは あちらです。

田中<small>たなか</small>　　：はい、わかりました。あのう、国際電話<small>こくさいでんわ</small>は 何番<small>なんばん</small>ですか。

ベルマン　　：国際電話<small>こくさいでんわ</small>は 8番<small>ばん</small>です。

田中<small>たなか</small>　　：8番<small>ばん</small>ですね。

ベルマン　　：はい、そうです。それから、ベルデスクは 5番<small>ばん</small>です。

田中<small>たなか</small>　　：どうも ありがとう。

ベルマン　　：では、どうぞ ごゆっくり。

① れいぞうこ　　　浴室<small>よくしつ</small>　　　ルームサービス　　3番<small>ばん</small>
② 電気<small>でんき</small>の スイッチ　　クーラー　　コーヒーショップ　　7番<small>ばん</small>
③ 洋服<small>ようふく</small>だんす　　　浴室<small>よくしつ</small>　　　フロント　　　　0番<small>ばん</small>

❋ 회화연습 단어

早_{はや}く 일찍	浴室_{よくしつ} 욕실	ルームサービス 룸 서비스
クーラー 에어컨	コーヒーショップ 커피숍	洋服_{ようふく}だんす 양복장

4. 예와 같이 동사의 기본형을 찾고, 그 동사를 ない형으로 바꿔보시오.

예) 飲_のみません →　飲_のむ　→ 飲_のまない

1) 食_たべません　→　　　　　→

2) しません　　　→　　　　　→

3) 乗_のりません　→　　　　　→

4) 買_かいません　→　　　　　→

5) 帰_{かえ}りません　→　　　　　→

5. 주어진 단어를 이용하여 예와 같이 해 보시오.

예) ビールを 飲_のむ　→ ビールを 飲_のまないでください。

1) 電話番号_{でんわ ばんごう}を 忘_{わす}れる →

2) 部屋_{へ や}に 入_{はい}る →

3) バスに 乗_のる →

4) テレビを 見_みる →

5) こちらに 来_くる →

6. 주어진 단어를 이용하여 예와 같이 해 보시오.

예) 早_{はや}く 行_いく → 早_{はや}く 行_いかなければなりません。

1) 風邪_{かぜ}ですから 薬_{くすり}を 飲_のむ

   →

2) 用事_{ようじ}が ありますから 早_{はや}く 帰_{かえ}る

   →

3) 忙_{いそが}しいですから あなたも 手伝_{てつだ}う

   →

4) 明日_{あした}は テストですから 勉強_{べんきょう}する

   →

5) 日本_{にほん}へ 行_いきますから 明日_{あした}は 早_{はや}く 起_おきる

   →

❋ 연습문제 단어

忘_{わす}れる 잊다　　　　風邪_{かぜ} 감기　　　から ~이니까

薬_{くすり}を 飲_のむ 약을 먹다　　手伝_{てつだ}う 돕다

14 見せてください。

타나카씨가 면세점에서 물건을 사고 있다.

店員 : いらっしゃいませ。

田中 : すみません、その ネクタイを 見せてください。

店員 : この 赤い ネクタイですか。はい、どうぞ。

お客さまに よく 似合いますね。

田中 : これは いくらですか。

店員 : 8万ウォンです。

田中 : 8万ウォン? 高いですね。

店員 : それじゃ、これは いかがですか。6万ウォンです。

田中 : いいですね。それにします。

カードで 払っても いいですか。

店員 : はい、けっこうです。

점 원 : 어서 오십시오.

타나카 : 미안한데요, 그 넥타이를 보여 주세요.

점 원 : 이 빨간 넥타이요? 예, 여기 있습니다. 손님에게 잘

어울리시네요.

타나카 : 이것은 얼마입니까?

점 원 : 8만원입니다.

타나카 : 8만원? 비싸네요.

점 원 : 그러면 이것은 어떠십니까? 6만원입니다.

타나카 : 좋네요. 그것으로 하겠습니다. 카드로 지불해도 좋습니까?

점 원 : 예, 괜찮습니다.

새로운 단어

ネクタイ	넥타이
見せる	보여주다
よく	잘, 자주
似合う	어울리다
それじゃ	그러면
いかがですか	어떠십니까? (⇒どうですか의 공손한 표현)
ウォン	원 (⇒한국화폐 단위)
払う	지불하다
けっこうです	괜찮습니다

체크 1   て형

「て」의 의미 : ~하고, ~해서

활용방법

	기본형	て	
1그룹동사	＿く	＿いて	書く(쓰다) → 書いて(쓰고, 써서)
	＿ぐ	＿いで	脱ぐ(벗다) → 脱いで(벗고, 벗어서)
	＿う ＿つ ＿る	＿って	買う(사다) → 買って(사고, 사서) 待つ(기다리다) → 待って(기다리고, 기다려서) 乗る(타다) → 乗って(타고, 타서)
	＿ぬ ＿ぶ ＿む	＿んで	死ぬ(죽다) → 死んで(죽고, 죽어서) 呼ぶ(부르다) → 呼んで(부르고, 불러서) 飲む(마시다) → 飲んで(마시고, 마셔서)
	＿す	＿して	話す(이야기하다) → 話して(이야기하고, 이야기해서)
2그룹동사	＿る	＿て	起きる(일어나다) → 起きて(일어나고, 일어나서) 食べる(먹다) → 食べて(먹고, 먹어서)
3그룹동사	する くる	して きて	する(하다) → して(하고, 해서) くる(오다) → きて(오고, 와서)
예외	行く	行って	行く(가다) → 行って(가고, 가서)

체크 2   見せて ください

「~てください」는 「~해 주세요」라는 의미로 상대방에게 의뢰하거나 부탁할 때
사용하는 표현이다.

- すみません、もう 一度 書いてください。

  죄송합니다, 다시 한번 써 주세요.

- 朝 6時に 起こしてください。아침 6시에 깨워 주세요.

- こちらに サインしてください。여기에 사인해 주십시오.

❄ 단어
  もう 一度 다시 한번   起こす 깨우다   サイン 사인

체크 3   それに します

「~に する」는 「~으로 하다」라는 의미로 「선택」을 나타낸다.

- メニューは 何に しますか? 메뉴는 무엇으로 하시겠습니까?
- 私は コーヒーに します。저는 커피로 하겠습니다.

체크 4   払っても いいですか

「ても いいですか」는 「~해도 좋습니까?」라는 의미의 상대방에게 허가를 구하는 표현이다.

- たばこを 吸っても いいですか? 담배를 피워도 좋습니까?
- 早く 帰っても いいですか? 일찍 돌아가도 좋습니까?

이 경우 대답을 「~하면 안됩니다.(~ては いけません), ~하지 마세요(~ないでください)」 등과 같은 표현은 강한 거절의 느낌을 지니고 있어, 규칙이나 법률 등에 의해 허가되지 않는 경우에 많이 사용된다. 또한 「~해도 됩니다(ても いいです)」의 경우는 너무 기계적으로 대답하는 듯하다.

그러므로, 「はい、いいです (예, 좋아요)」 「はい、どうぞ (예, 하세요)」 「いいえ(아니오)」 「いいえ、ちょっと(こまります) : 아니오, 좀(곤란합니다)」 등과 같은 대답이 자연스럽다.

회화연습 & 문제

1. 다음과 같이 주어진 말을 사용해서 옆 사람과 대화를 해 보시오

A : お飲み物は 何にしますか。

B : 私は コーヒーにします。Cさんは?

C : 私も コーヒーにします。

① お飲み物　コーラ　紅茶
② お食事　牛丼　牛丼
③ お食事　冷麺　牛丼

2. 다음 예문과 같이 주어진 단어를 사용하여 옆 사람에게 부탁을 해봅시다.

1) すみません、こちらに サインを (する) <u>してください</u>。

2) すみません、お金を (貸す) ＿＿＿＿＿＿。

3) すみません タクシーを (呼ぶ) ＿＿＿＿＿＿。

4) すみません、写真を (撮る) ＿＿＿＿＿＿。

5) すみません、お名前を (書く) ＿＿＿＿＿＿。

3. 예와 같이 그림을 보고 옆 사람에게 허락을 구해보고, 옆 사람은 그에 맞게 대답을 해 보자

ラーメンを 食べる	Q. ラーメンを 食べてもいいですか。 A. はい、どうぞ。
たばこを 吸う	Q. A.
おふろに 入る	Q. A.
NEWS 新聞を 読む	Q. A.
お酒を 飲む	Q. A.

4. 다음 한자를 읽고 뜻을 적으시오.

1) お客さま

2) お食事

3) お飲み物

4) 写真

5. 다음 밑줄친 곳은 동사를 활용한 것입니다. 기본형과 뜻을 적으시오.

1) もう 一度 言ってください。

2) たばこを 吸ってもいいですか。

3) 早く 帰ってもいいですか。

4) こちらに サインしてください。

5) タクシーを 呼んでください。

6) はい、書いてもいいです。

7) こちらを 見てください。

6. 다음 표를 완성하시오.

동사종류	기본형	ます형	て형
2그룹동사	食べる / 먹다	食べます	食べて
	売る / 팔다		
	聞こえる / 들리다		
	打つ / 치다, 때리다		
	くる / 오다		
	話す / 이야기하다		

형용사종류	기본형	です형	て형
い형용사	高い / 비싸다	高いです	高くて
	親切だ / 친절하다		
	辛い / 맵다		

15 注文してもいいですか。

레스토랑에서 키무라씨 일행이 주문을 한다.

ウエートレス： いらっしゃいませ。何名様ですか。

木村 ： 二人です。

ウエートレス： お二人様でございますね。

私が お席まで ご案内します。こちらへ どうぞ。

木村 ： どうも。

すみません。注文してもいいですか。

ウエートレス： はい、どうぞ。

木村 ： カルビを 2人前ください。

ウエートレス： はい、かしこまりました。

カルビ 2人前でございますね。

では、メニューを お下げします。

웨이트리스 ： 어서오십시오. 몇 분이십니까?

키무라 ： 두 사람입니다.

웨이트리스 ： 두 분이시군요.

제가 자리까지 안내해 드리겠습니다. 이쪽으로 오시지요.

키무라　　：　고맙습니다.

　　　　　　　미안합니다. 주문해도 좋습니까?

웨이트리스　：　예, 하십시오.

키무라　　：　갈비를 2인분 주십시오.

웨이트리스　：　예, 알겠습니다.

　　　　　　　갈비 2인분이시지요?

　　　　　　　그럼, 메뉴를 치워드리겠습니다.

새로운 단어

<ruby>何名様<rt>なんめいさま</rt></ruby>	몇 분
<ruby>二人<rt>ふたり</rt></ruby>	두 사람
お<ruby>二人様<rt>ふたりさま</rt></ruby>	두 분
お<ruby>席<rt>せき</rt></ruby>	자리
<ruby>注文<rt>ちゅうもん</rt></ruby>	주문
2<ruby>人前<rt>にんまえ</rt></ruby>	2인분
かしこまりました	알겠습니다.
お<ruby>下<rt>さ</rt></ruby>げします	치워드리겠습니다 (⇒<ruby>下<rt>さ</rt></ruby>げる)

체크 1 何名様ですか

① 何人(몇 사람)

1人	2人	3人	4人	5人
ひとり	ふたり	さんにん	よにん	ごにん
6人	7人	8人	9人	10人
ろくにん	しちにん	はちにん	きゅうにん	じゅうにん

② 何名様(몇 분)

お1人様	お2人様	3名様	4名様	5名様
おひとりさま	おふたりさま	さんめいさま	よんめいさま	ごめいさま
6名様	7名様	8名様	9名様	10名様
ろくめいさま	ななめいさま	はちめいさま	きゅうめいさま	じゅうめいさま

체크 2 カルビを2人前ください

「숫자 + 人前」는 「~인분」라는 의미이다.

何人前(몇 인분)

1人前	2人前	3人前	4人前	5人前
いちにんまえ	ににんまえ	さんにんまえ	よにんまえ	ごにんまえ
6人前	7人前	8人前	9人前	10人前
ろくにんまえ	しちにんまえ	はちにんまえ	きゅうにんまえ	じゅうにんまえ

* 1人前, 2人前를 ひとりまえ、ふたりまえ라고 읽지 않는다.

체크 3 일본어의 경어

일본어의 경어는 크게 존경어와 겸양어, 그리고 정중어로 나뉘어진다.

① 존경어 : 직접 상대방을 높여주는 표현이다.

「예약 하셨습니다, 주문하시겠습니까? 사인해 주시겠습니까?」라는 식의 표현이다.

② 겸양어 : 말하는 자신을 낮추어 말함으로써 상대방을 높여주는 표현이다.

「안내해 드리겠습니다. 제가 하겠습니다」라는 식으로 자신을 겸손하게 나타내는 표현이다.

③ 정중어 : 말 그대로 누구를 낮추거나 높이는 것이 아닌 정중하게 말하는 표현이 있다.

체크 4 お二人様でございますね

「です」를 좀 더 정중하게 나타내는 표현은 「でございます」이다.

あちらです → あちらでございます。(저쪽입니다.)

ホテルです → ホテルでございます。(호텔입니다.)

체크 5 メニューをお下げします

겸양표현(자신을 낮추어 상대방을 높여주는 표현)은 「お+동사ます형+する」의

문형을 사용한다.

下^さげる(치우다) → お下^さげする(치워드리다) → お下^さげします(치워드리겠습니다)
願^{ねが}う(부탁하다) → お願^{ねが}いする(부탁드리다) → お願^{ねが}いします(부탁드리겠습니다)

* 동사가 아닌 한자일 경우에는 「お」 대신 「ご」를 붙인다.

案内^{あんない}(안내) → ご案内^{あんない}します(안내해 드리겠습니다)
連絡^{れんらく}(연락) → ご連絡^{れんらく}します(연락 드리겠습니다)

회 화 연 습 & 문 제

1. 다음과 같이 주어진 말을 사용해서 옆 사람과 대화를 해 보시오

A : 重^{おも}いですね。

B : 私^{わたし}が お持^もちします。

A : あ、どうも ありがとう。

① ハングルは むずかしい　書^かく
② 遅^{おそ}い　呼^よぶ
③ 複雑^{ふくざつ}だ　教^{おし}える

2. 다음과 같이 주어진 말을 사용해서 옆 사람과 대화를 해 보시오

A : すみません。トイレは どちらですか。

B : トイレは あちらでございます。

① いくら?　　　　　　　　　1万ウォン

② お部屋は 何階?　　　　　5階

③ これは 何?　　　　　　　お部屋の かぎ

3. 손님이 업장에 찾아와서 주문하는 과정을 다음 메뉴판과 본문을 참조하면서 옆 사람
과 회화연습을 하시오.

```
★メニュー MENU ★

カルビタン          ₩8,000
冷麺               ₩7,000
プルゴギ定食        ₩9,500
ビビンパ           ₩7,000


コーヒー           ₩3,000
コーラ             ₩2,500
ジュース           ₩2,500


韓国レストランへ ようこそ
```

❋ 회화연습 단어

重い 무겁다　　持つ 들다　　ハングル 한글　　遅い 늦다　　複雑だ 복잡하다

教える 가르치다　　何階 몇 층　　かぎ 열쇠　　定食 정식

4. 다음을 일본어로 고치시오.

1) 어서 오십시오.

2) 치워 드리겠습니다.

3) 알겠습니다.

4) 몇 분이십니까?

5) 제가 안내해 드리겠습니다.

5. 다음 단어의 뜻을 적으시오.

1) エレベーター　　　　　2) スケジュール

3) トイレ　　　　　　　　4) レストラン

5) ビール

6. 다음 (　)안에 알맞은 단어를 적으시오.

1) (　　　　) － さんめいさま － (　　　　) － ごめいさま

2) (　　　　) － ににんまえ － さんにんまえ － (　　　　)

7. 다음 문장의 의미를 적고 1), 2), 4)의 동사를 찾아내어 기본형을 적으시오.

1) 私_{わたし}が お下_おろしします。

2) ベルマンを お呼_よびしました。

3) フロントまで ご案内_{あんない}します。

4) 新聞_{しんぶん}は 私_{わたし}が お読_よみします。

일본의 복을 불러오는 상징물

◎ 마네키네코(招き猫)

고양이는 일본 속담에도 곧잘 등장할 정도로 예부터 일본에서 가장 사랑받는 애완동물이라 할 수 있다. 상점의 쇼윈도나 술집의 카운터 등에 놓여 있는 장식용 인형인 마네키네코는 앞발로 사람을 부르는 모습을 한 고양이 인형을 말하는데, 손님을 부르는 것처럼 한 손을 들고 있다. 오른손을 들면 금전, 왼손을 들면 손님을 부른다고 한다.

양손을 든 고양이는 너무 욕심을 부리면 포기하는 것이 된다고 하여 존재하지 않는다.

◎ 칠복신(七福神)

칠복신은 상가 번영, 입신 출세, 가내 안정, 금전운 등의 복을 가져다 준다는 일곱 신이다. 불교나 신도, 도교 등의 신이나 성인으로 이루어진 것으로 보물선에 탄 모습으로 그려지고 있는데, 장수, 복, 인덕, 장사번영, 금전, 승리와 복, 풍어와 금전운을 가져온다고 한다.

연초에 신사에서 칠복신에게 제사를 지내고 일곱 신에게 순서대로 절하는 풍습이 지금까지 전해 오고 있다.

부록

1. 연습문제 정답
2. 단어집
3. 필수문법
4. 레스토랑 접객 매뉴얼 일본어 통문장
5. 여행관련 일본어 통문장

1. 연습문제 정답

1과. はじめまして。

3.
1) あれは なんですか。
2) わたしは がくせいです。
3) わたしの ほんです
4) かいしゃいんですか。

4.
1) わたし は かんこく りょこうしゃ の ガイド です。
2) たなかさん は ガイドさん ですか。
3) こちらこそ よろしく。
4) いいえ、 わたしは てんじょういんです。

2과. これは パスポートです。

3.
1) パスポート
2) ベルマン
3) ホテル
4) トイレ

4.
1) かんこくの キムチじゃありません。
2) こうちゃじゃありません。
3) わたしの かばんじゃありません。
4) あれは がっこうじゃありません。

5.
1) それは でんわです。
2) これは にほんごの ほんです。
3) あれは だいがくです。
4) あれです。

3과. いくらですか

4.
ひゃく じゅう
にひゃく にじゅう
ひゃく じゅう ごまん
よんまん さんぜん にひゃく
せん ごひゃく よんじゅう

2
1) ちょっと まって ください。
2) ぜんぶで いくらですか。
3) ありがとう ございます。
4) おなまえを おねがいします

4과. りょこうは あしたからですか。

3.
はちじ ごふんです。
くじ さんじゅっぷんです。
じゅういちじ じゅっぷんです。
いちじ さんじゅっぷんです
よじ よんじゅっぷんです。

4.
1) 생략
2) 생략
3) 생략
4) げつようびです。
5) きんようびからです。

5과. ここで 写真を お願いします。

4.
1) さんがつ にじゅういちにちです
2) 文化の 日です。
3) じゅうがつ とおかです。
4) 子供の 日です。
5) いちがつ ついたちです。

5.
1) 旅行は 1月 31日から 2月 2日までです。
2) 木ようびです。
3) カルビです。
4) ごぜん 8時です。

6과. パスポートは ここに あります。

3.
1) 山田さんは スーパーの 中に います。
2) かばんは ドアの 前に あります。
3) 部屋の 中に だれか いますか。
4) いいえ、 だれも いません。

4.
1) めんぜいてん (면세점)
2) へや (방, 객실)
3) みぎ (오른쪽)
4) にもつ (짐)
5) うえ (위)

5.
1) います → あります
2) だれか → だれも
3) います → あります
4) 틀린 곳 없음

7과. 本当に おいしいですね

4.
1) みっつ、 いつつ
2) さんぱく
3) いっぽん、 よんほん

5.
1) いらっしゃいませ。
2) 今日から 何泊ですか。
3) こちらへ どうぞ。
4) ごちそうさまでした。
5) いただきます。

6.
1) あそこに 安い 店が あります。
2) これは おいしい 韓国の キムチです。
3) これは おもしろい 日本語の 本です。

7.

1) ○

2) ×

3) ○

8과. 安くて おいしいです

4.

1) ちかてつ 지하철

2) りょこう 여행

3) ちゅうもん 주문

4) きょう 오늘

5) **あつい** 덥다

6) **やすい** 싸다

7) **たかい** 비싸다, 높다

8) **ちかい** 가깝다

5.

1) おいしい

2) 寒い

3) 高い やさしい

4) 近い

5) いい (또는 よい)

6.

1) はい、 高いです。 / いいえ、 高くないです。

2) はい、 暑いです。 / いいえ、 暑くないです。

3) はい、 楽しかったです。 / いいえ、 楽しくなかったです。

4) はい、 寒かったです。 / いいえ、 寒くな

かったです。

9과. いつも にぎやかですね

4.

1) ここは 静かな ホテルです。

2) あそこは 有名な レストランです。

3) 木村さんは とても 親切な ホテルの ドアマンです。

5.

1) いいえ、 きらいじゃありません。

2) いいえ、 有名じゃありません。

3) いいえ、 親切じゃありません。

6.

いいえ、 元気じゃありません。

はい、 好きです。

きれいな 人です。

はい、 上手です。

10과. 静かで ホテルマンも 親切でした

4.

1) ひまです

ひまでした

ひまじゃありません

ひまじゃなかったです

2) まじめです
   まじめでした
   まじめじゃありません
   まじめじゃなかったです

3) 好きです

   好きでした

   好きじゃありません

   好きじゃなかったです

5. 생략

6.
1) はい、とても にぎやかです。
2) いいえ、きれいじゃありません。
3) 木村さんは ハンサムで、まじめな 人です。
4) いいえ、ひまじゃなかったです。

11과. バスで ロッテワールドに 行きます。

5.
1) バス
2) ホテル
3) レストラン
4) メニュー
5) ビール

6.

동사종류	기본형	～ます	～ません
1그룹동사	会う 만나다.	会います	会いません
1그룹동사	行く 가다	行きます	行きません
2그룹동사	食べる 먹다	食べます	食べません
1그룹동사	着く 도착하다	着きます	着きません
2그룹동사	起きる 일어나다	起きます	起きません
2그룹동사	寝る 자다	寝ます	寝ません
예외 1그룹동사	帰る 돌아가다	帰ります	帰りません
3그룹동사	する 하다	します	しません
1그룹동사	待つ 기다리다	待ちます	待ちません

7.
1) 書く
2) 呼ぶ
3) 乗る
4) 買う
5) 見る
6) する
7) 終る
8) いる

12과. 予約しましたか

4.
1) お土産は 免税店で 買いませんでした。
2) 木村さんは 日本へ 帰りました
3) どんな 部屋が よろしいですか。
4) 明日から 何泊の 予定ですか。

5.
① タクシーで 行きませんでした。 (バスで行きました。)
② 3時に 帰りました
③ しました
④ 食べませんでした

13과. 電話を しなければなりません。

4.
1) 食べる　食べない
2) する　　しない
3) 乗る　　乗らない
4) 買う　　買わない
5) 帰る　　帰らない

5.
1) 電話番号を 忘れないでください。

2) 部屋に 入らないでください。

3) バスに 乗らないでください。

4) テレビを 見ないでください。

5) こちらに こないでください。

6.
1) 風邪ですから 薬を 飲まなければなりません。
2) 用事が ありますから 早く 帰らなければなりません。
3) 忙しいですから あなたも 手伝わなければなりません。
4) 明日は テストですから 勉強しなければなりません。
5) 日本へ 行きますから 明日は 早く 起きなければなりません。

14과. 見せて ください

4.
1) おきゃくさま (손님)
2) おしょくじ (식사)
3) おのみもの (음료, 마실 것)
4) しゃしん (사진)

5.
1) 言う (말하다)
2) 吸う (피우다)
3) 帰る (돌아가다)

4) サインする (사인하다)

5) 呼ぶ (부르다)

6) 書く (쓰다)

7) 見る (보다)

6.

동사종류	기본형	ます형	て형
2그룹동사	食べる	食べます	食べて
	먹다		
1그룹동사	売る	売ります	売って
	팔다		
2그룹동사	聞こえる	聞こえます	聞こえて
	들리다		
1그룹동사	打つ	打ちます	打って
	치다, 때리다		
3그룹동사	くる	きます	きて
	오다		
1그룹동사	話す	話します	話して
	이야기하다		
형용사종류	기본형	です형	て형
い형용사	高い	高いです	高くて
	비싸다		
な형용사	親切だ	親切です	親切で
	친절하다		
い형용사	辛い	辛いです	辛くて
	맵다		

15과. 注文してもいいですか

4.

1) いらっしゃいませ。

2) お下げします。

3) かしこまりました。

4) 何名様ですか。

5) 私が ご案内します。

5.

1) 엘리베이터

2) 스케쥴

3) 화장실

4) 레스토랑

5) 맥주

6.

1) お二人さま / 4名さま

2) 1人前 / 4人前

7.

1) 제가 내려드리겠습니다 (下ろす)

2) 벨맨을 불렀습니다 (呼ぶ)

3) 프론트까지 안내해드리겠습니다

4) 신문은 제가 읽어드리겠습니다 (読む)

2. 단어집

あ

会_あう	만나다
青_{あお}い	파랗다
赤_{あか}い	빨갛다
秋_{あき}	가을
朝_{あさ}	아침
朝_{あさ}ごはん	아침 식사
あさって	모래
明日_{あした}	내일
あそこ	저기
頭_{あたま}	머리
新_{あたら}しい	새롭다
暑_{あつ}い	덥다
熱_{あつ}い	뜨겁다
あなた	당신
あの	저~
甘_{あま}い	달다
あまり	그다지, 별로
ありがとうございます	감사합니다.
あります	있습니다
あれ	저 것
あんな	저런

い

いい	좋다

いいえ	아니오
いかがですか	어떠십니까?
行_いく	가다
いくら	얼마
いす	의자
いただきます	잘 먹겠습니다
一度_{いちど}	한 번
一番_{いちばん}	가장, 제일
いつ	언제
一本_{いっぽん}	한 병
いつも	언제나, 항상
犬_{いぬ}	개
今_{いま}	지금
います	있습니다
いらっしゃいませ	어서오십시오
入_いり口_{ぐち}	입구
いる	있다

う

上_{うえ}	위, 위쪽
ウエートレス	웨이트리스
ウォン	원(한국화폐 단위)
後_{うしろ}	뒤, 뒤쪽
歌_{うた}	노래
歌_{うた}う	노래부르다

打つ	치다, 때리다
うどん	우동
売る	팔다
うるさい	시끄럽다
うんざりだ	질색이다, 질리다

え

映画	영화
英語	영어
駅	역
エレベーター	엘리베이터
円	엔(일본화폐단위)
遠慮する	사양하다

お

おいくつ	몇 살
おいしい	맛있다
お医者さん	의사선생님
多い	많다
大きい	커다랗다
起きる	일어나다
お客様	손님
起こす	깨우다
お先に	먼저
お酒	술
教える	가르치다
お時間	시간
お食事	식사

お住まい	댁, 사시는 곳
お席	자리
遅い	늦다
お茶	차(녹차)
お手洗い	화장실
お寺	절, 사찰
お電話	전화
お名前	성함
お願いします	부탁합니다.
お飲み物	음료, 마실 것
お話	말씀
お二人様	두 분
お風呂に入る	목욕하다
お待ちしております	기다리고 있겠습니다
お土産	선물
重い	무겁다
おもしろい	재미있다
終る	끝나다

か

カード	카드
会議	회의
会社	회사
会社員	회사원
階段	계단
ガイド	가이드
買う	사다

帰る	돌아가다	**き**	
係員	담당자	木	나무
かかる	걸리다	キー	열쇠
かぎ	열쇠	聞こえる	들리다
書く	쓰다	汚い	지저분하다
学生	학생	切手	우표
かしこまりました	알겠습니다	昨日	어제
カジノ	카지노	キムチ	김치
貸す	빌려주다	牛丼	소고기 덮밥
風	바람	今日	오늘
風邪	감기	京都	쿄토(일본 지명)
学校	학교	嫌いだ	싫어한다
彼女	그녀, 여자친구	切る	자르다
かばん	가방	きれいだ	예쁘다, 깨끗하다
髪	머리카락	銀行	은행
カメラ	카메라		
から	~부터	**く**	
辛い	맵다	空港	공항
カラオケ	노래방, 가라오케	クーラー	에어컨
カルビ	갈비	9月	9월
彼氏	그 남자, 남자친구	9時	9시
観光地	관광지	薬	약
観光名所	관광명소	ください	주세요
韓国	한국	くらい	정도
韓国人	한국인	クリスマス	크리스마스
簡単だ	간단하다	くる	오다
		車	자동차

け

けっこうです	괜찮습니다
結婚式	결혼식
元気だ	건강하다

こ

恋人	애인
高校生	고등학생
号室	호실
紅茶	홍차
コーヒー	커피
コーヒーショップ	커피숍
コーラ	콜라
高麗人参	고려인삼
国際電話	국제전화
ここ	여기
午後	오후
ここで	여기서
ご自宅	자택
ご住所	주소
午前	오전
ごちそうさまでした	잘 먹었습니다
こちら	이쪽
こちらへどうぞ	이쪽으로 오십시오.
子供の日	어린이날
この	이~
困る	곤란하다
ごゆっくりどうぞ	편안한 시간 되십시오.

これ	이것
ご連絡	연락
コンサート	콘서트
今週	이번주
こんな	이런
こんにちは	안녕하세요(낮 인사)
今晩	오늘 밤
コンピューター	컴퓨터

さ

財布	지갑
サイン	사인
下げる	치우다
さしみ	생선회
サッカー	축구
雑誌	잡지
様	님
寒い	춥다
さん	~씨
残念だ	유감이다
3泊	3박

し

塩	소금
しか	~밖에
仕方がない	도리가 없다
時間	시간
静かだ	조용하다

下 した	밑, 아래	すき焼き や	전골
死ぬ し	죽다	少ない すく	적다
芝生 しば ふ	잔디밭	スケジュール	스케쥴, 일정
じゃ	그럼, 그러면	少し すこ	조금
写真 しゃしん	사진	勧める すす	권하다
シャツ	셔츠	ステーキ	스테이크
しゃぶしゃぶ	샤브샤브	すてきですね	멋지군요
ジュース	쥬스	すばらしい	멋지다
重要だ じゅうよう	중요하다	スポーツ	스포츠
授業 じゅぎょう	수업	すみません	미안합니다
出発 しゅっぱつ	출발	すみませんが	미안합니다만,
趣味 しゅ み	취미	する	하다
上手だ じょう ず	능숙하다		
食事 しょく じ	식사	**せ**	
しょっぱい	짜다	税関 ぜいかん	세관
ショッピング	쇼핑	背が高い せ たか	키가 크다
知る し	알다	背が低い せ ひく	키가 작다
シングル ルーム	싱글 룸	狭い せま	좁다
親切だ しんせつ	친절하다	先週 せんしゅう	지난 주
新鮮だ しんせん	신선하다	先生 せんせい	선생님
新聞 しんぶん	신문	銭湯 せん とう	(공중)목욕탕
		全部で ぜん ぶ	전부해서, 모두해서
す			
スイート ルーム	스위트 룸	**そ**	
スイッチ	스위치	そうです	그렇습니다
吸う す	피우다	そうですね	글쎄요
スーパー	슈퍼마켓	ソウル	서울
好きだ す	좋아하다	そこ	거기

その	그~	誕生日	생일
それ	그 것		
それから	그리고	**ち**	
それじゃ	그러면	小さい	작다
それに	게다가	近い	가깝다
それは楽しみですね		近く	근처, 가까이
	그거 기대되시겠네요	地下鉄	지하철
そんな	그런	チケット	티켓
		チップ	팁(Tip)
		注文	주문
た		ちょっと待ってください	
大学	대학		잠시 기다려주십시오
大学生	대학생		
大丈夫だ	괜찮다	**つ**	
大切だ	중요하다	1日	1일
大変だ	큰일이다		
高い	비싸다	ツインルーム	트윈 룸(twin room)
高すぎる	너무 비싸다	使う	사용하다
タクシー	택시	着く	도착하다
建物	건물	机	책상
田中	타나카(인명)	冷たい	차갑다
楽しい	즐겁다	強い	강하다
たばこ	담배		
ダブルルーム	더블 룸	**て**	
たぶん	아마도	で	(명사에 붙어) ~이고
食べ物	음식	で	~에서, ~으로
食べる	먹다	定食	정식
だれ	누구	テーブル	테이블
だれも	아무도	手紙	편지

できる	할 수 있다	どういたしまして	천만에요
でした	~였습니다	東京	토쿄(일본의 수도)
です	~입니다	どうして	왜, 어째서
ですか	~입니까?	どうぞ	여기 있습니다.
テスト	시험	どうぞ, よろしくお願いします	
ですね	~이시죠?		잘 부탁드리겠습니다
手伝う	돕다	到着	도착
手続き	수속	どうですか	어떻습니까?
テニス	테니스	動物	동물
デパート	백화점	どうも	고마워요
では	그럼	どうも ありがとう	고맙습니다
ではありません	~이 아닙니다.	どうも すみません	정말 미안합니다
でも	하지만	読書	독서
出る	나오다, 출발하다	時計	시계
テレビ	텔레비젼	どこ	어디
天気	날씨	ところ	곳
電気	전기	ところで	그런데
添乗員	국외여행인솔자, 투어컨덕터	として	~로서
てんぷら	튀김	とても	매우, 대단히
電話	전화	となり	옆
電話番号	전화번호	どの	어느~
		友だち	친구
と		ドライバー	운전기사
と	~와	トリプル ルーム	트리플 룸
度	도	撮る	찍다
ドア	문	どれ	어느 것
ドアマン	도어맨	とんかつ	돈가스
トイレ	화장실	どんな	어떤

な

中	안, 속
長い	길다
長崎	나가사키(지명)
夏	여름
夏休み	여름방학, 여름휴가
何も	아무것도
何	무엇
何階	몇 층
何月	몇 월
何時	몇시
何日	몇 일
何人	몇 사람
何人前	몇 인분
何年生	몇 학년
何の日	무슨 날
何泊	몇 박
何名様	몇 분

に

に	~에
似合う	어울리다
にぎやかだ	번화하다
2人前	2인분
2年生	2학년
日本	일본
日本語	일본어
日本酒	정종

日本人	일본인
荷物	짐

ぬ

脱ぐ	벗다

ね

ネクタイ	넥타이
願う	부탁하다
ねこ	고양이
値段	가격
寝る	자다

の

の	~의
飲む	마시다
乗る	타다

は

は	~은, ~는
パーティー	파티
はい	예
入る	들어가다
博物館	박물관
始まる	시작되다
はじめに	먼저, 처음에
はじめまして	처음 뵙겠습니다.
走る	달리다

バス	버스	二つ	둘, 두개
パスポート	여권	二人	두 사람
はたち	스무살	物価	물가
話す	이야기하다	船	배
速い	빠르다	ふべんだ	불편하다
早く	일찍	冬	겨울
払う	지불하다	古い	낡다
春	봄	プルゴギ	불고기
半	반(30분)	ふるさと	고향
番	~번	フロント	프론트
ハンサムだ	잘생겼다		

へ

		へ	~에, ~쪽으로
ひ		下手だ	못한다
ピアノ	피아노	ベッド	침대
ビール	맥주	部屋	방
引き出し	서랍	ベルデスク	벨 데스크(Bell Desk)
飛行機	비행기	ベルマン	벨맨
左	왼쪽	勉強	공부
人	사람	便利だ	편리하다
人々	사람들		
ビビンパ	비빔밥	**ほ**	
ひまだ	한가하다	ボールペン	볼펜
昼	점심	北海道	북해도
ビル	빌딩	ホテル	호텔
昼ごはん	점심 식사	ホテルマン	호텔 직원
		本	책
ふ		本当に	정말로
複雑だ	복잡하다		

ま

前 まえ	앞
まじめだ	성실하다
待つ ま	기다리다
まで	~까지

み

右 みぎ	오른쪽
水 みず	물
店 みせ	가게
見せる み	보여주다
ミニバー	미니바
見る み	보다

む

昔 むかし	옛날
難しい むずか	어렵다

め

メニュー	메뉴
免税店 めんぜいてん	면세점

も

も	~도
もう 一度 いち ど	다시 한번
持つ も	들다
もの	것, 물건

や

約束 やくそく	약속
易しい やさ	쉽다, 상냥하다
安い やす	싸다
休み やす	휴일, 휴가
やっぱり	역시

ゆ

夕ごはん ゆう	저녁 식사
有名だ ゆうめい	유명하다

よ

ようこそ	잘 오셨습니다.
用事 よう じ	용무, 볼일
洋服だんす よう ふく	양복장
よく	잘, 자주
浴室 よくしつ	욕실
よこ	옆
4日 よっ か	4일
予定 よ てい	예정
呼ぶ よ	부르다
読む よ	읽다
予約 よ やく	예약
より	~보다
夜 よる	저녁
よろしい	좋으시다

ら		私 （わたし）	나, 저
ラーメン	라면		
		を	
り		を	~을, ~를
料理 （りょうり）	요리		
旅行 （りょこう）	여행		
旅行社 （りょこうしゃ）	여행사		
りんご	사과		
る			
ルームサービス	룸 서비스		
ルーレット	룰렛(카지노게임의 일종)		
れ			
冷蔵庫 （れいぞうこ）	냉장고		
冷麺 （れいめん）	냉면		
レストラン	레스토랑		
連絡 （れんらく）	연락		
ろ			
ロッテワールド	롯데월드		
ロビー	로비		
わ			
わかい	젊다		
わかりました	알겠습니다		
和食 （わしょく）	일식		
忘れる （わすれる）	잊다		

3. 필수문법

일본어 문법에서 아주 기본적으로 알아두어야 하는 것에는 동사, い형용사, な형용사라는 것이 있습니다.

이들 각각을 기본형을 통해 구분할 수 있어야 하는데, 그 구분법을 설명하면 다음과 같습니다.

일본어에서 모든 활용하는 말들은 기본형이라는 것이 있습니다.

가령, 「아름다웠습니다」라는 말을 국어사전에서 찾으려고 할 때 여러분들은 「아름답다」라는 기본형으로 찾으실 것입니다.

마찬가지로 일본어도 기본형을 통해 사전을 찾습니다.

그런데 이 기본형을 잘 살펴보면 공통적인 특징을 알 수 있습니다.

한 번 여러분들이 맞춰 보세요.

い형용사를 적어 보겠습니다.

> あつい　　(덥다)
>
> おいしい (맛있다)
>
> からい　　(맵다)
>
> つめたい (차갑다)
>
> うるさい　(시끄럽다)

위에 적은 것들은 살펴보면, 마지막 글자가 「い」라는 공통점을 찾아 볼 수 있을 것입니다.

즉, い형용사는 기본형의 마지막 글자가 「い」라는 특징이 있습니다. 만약 「い」가 아닌 다른 글자라면 그것은 い형용사가 아니라는 것입니다.

이번에는 な형용사의 공통점을 찾아보세요.

きれいだ　　　　(예쁘다)

ゆうめいだ　　　(유명하다)

しんせつだ　　　(친절하다)

だいじょうぶだ　(괜찮다)

しずかだ　　　　(조용하다)

な형용사의 기본형을 잘 살펴보니 마지막 글자가 「**だ**」라는 공통점이 있습니다. 따라서 「だ」로 끝나면 な형용사로구나 생각하시면 됩니다.

마지막으로 동사입니다. 공통점을 찾아보세요.

あう　　　　(만나다)

のむ　　　　(마시다)

たべる　　　(먹다)

ぬぐ　　　　(벗다)

しぬ　　　　(죽다)

당황하셨나요?

공통점이 보이지 않는 듯 하죠?

기본형의 마지막 글자들을 잘 봅시다.

　　　あう　のむ　たべる　ぬぐ　しぬ

마지막 글자(굵은 글씨로 되어 있는 것)를 한번 읽어 보세요.

　　　우 무 루 구 누

이렇게 읽어 보니 공통점이 보이시나요?

모두 「ㅜ」라는 모음을 갖고 있습니다.

즉, 기본형의 마지막 글자의 모음이 「ㅜ」라면 이것은 동사라는 것이죠.

이렇게 い형용사, な형용사, 동사는 기본형의 마지막 글자를 통해 판별할 수 있습니다.

여기서 한가지 더 중요한 것이 있습니다.
이 마지막 글자가 활용을 하는 부분이라는 것입니다.
즉, 이 마지막 글자만이 다른 글자로 변하여 여러 가지 표현을 하게 하는 것이고,
마지막 글자를 제외한 나머지 글자들은 결코 변하지 않는다는 것입니다.

마츠리(축제)

일본은 일년 내내 마쓰리가 열리는 마쓰리의 나라라고 할 수 있다. 마쓰리는 원래 조상들의 영혼을 기리고 신에게 풍작과 건강을 비는 의식으로, 우리의 마을굿이나 대동제에 해당되는 행사였다. 하지만 오늘날의 마쓰리는 그런 종교적인 목적에서 벗어나, 시민들을 위한 보다 대중적인 축제로 바뀌게 되었다. 마쓰리의 기본 형식은 특정한 날에 신이 사전(社殿)에서 나와 미코시(神輿 : 신위를 모시는 가마)에 옮겨 타고 오타비쇼(御旅所 : 미코시를 임시 안치하는 곳)까지 행차한 다음, 다시 원래의 사전으로 돌아가는 것이다. 이때 다시(山車)라 하여 마쓰리 때 끌고 다니는 인형·꽃 등으로 장식한 수레가 이용되기도 한다. 도쿄를 중심으로 한 동부 지방에서는 미코시가 주로 사용되고, 교토, 오사카 등의 서부 지역에는 수레가 중심을 이루고 있다. 신을 안치한 미코시의 순행 그 자체를 절정으로 하는 마쓰리가 많고, 이를 메는 젊은이의 역동적인 움직임은 신의 뜻으로 용인된다.
참고로 일본의 3대 마츠리라 하면 교토(京都)의 기온마츠리(祇園祭), 도쿄(東京)의 간다마쓰리 (神田祭), 오사카(大阪)의 덴진마쓰리 (天神祭)를 꼽는다.

い형용사와 な형용사의 공손한 형태에 대해 알아보겠습니다.
원래 기초 회화라는 것은 아주 쉽다고도 할 수 있습니다.
다시말해 단어만 알고 있으면, 활용을 하지 않고도 말을 할 수 있다는 것인데,
예를 들어, 친구 둘이서 얘기를 합니다.

　　　친구 1 : これ、おいしい? (이것, 맛있니?)
　　　친구 2 : うん、おいしい。 (응, 맛있어)

위의 회화에서 おいしい(맛있다)라는 い형용사를 친구 1은 억양을 올려서 얘기한 것이고,
친구 2는 억양을 내려서 얘기한 것입니다.
이렇게 억양만 올렸다 내렸다해도 충분히 회화를 할 수 있지만, 아주 짧은 대화를 격식 없이 얘기할 때만 사용될 뿐이겠죠?
모르는 사람, 윗사람께는 공손하게 얘기를 해야 할텐데, 그때는 「맛있습니까?」, 「네, 맛있습니다」라는 식으로 해야 할 것입니다.
그럼 공손한 표현은 어떻게 할까요?

い형용사의 경우

기본형 다음에 뒤에 「です」를 넣어주면 됩니다.

な형용사의 경우

기본형의 마지막 글자 「だ」를 빼고 대신 「です」를 넣어줍니다.

　　　おいしい(맛있다) → おいしいです(맛있습니다)
　　　しずかだ(조용하다) → しずかです(조용합니다)

☼ 문제를 낼 테니 여러분들이 해 보세요.

寒い(춥다:)　　暑い(덥다:)　　いい(좋다:)

有名だ(유명하다:)　　親切だ(친절하다:)

답　寒いです　　　暑いです　　　　いいです

有名です　　　親切です

일본인의 식사예절

(1) 밥공기는 손에 들고 먹는다.

일본인의 식사법 중 가장 눈에 띄는 특징 중의 하나는 식사를 할 때 밥공기를 손에 들고 먹는다는 것이다. 우리 나라에서는 밥공기를 들고 먹으면 어른들께 혼나기 쉽지만 일본에서는 손에 들고 먹는 것이 습관화되어 있다.

(2) 젓가락을 사용해서 음식을 주고받지 않는다.

일본에서는 우리 나라나 중국처럼 친한 사람끼리 음식을 집어 주지 않는다. 일본에서는 사람이 죽으면 대개 화장을 하는데, 이 때 남은 뼈를 젓가락으로 집어 항아리에 넣는 풍습이 있기 때문에 일본인은 누가 젓가락으로 음식을 집어 주는 것을 싫어한다고 한다.

(3) 국도 젓가락으로 먹는다.

일본인들은 국을 먹을 때도 숟가락을 사용하지 않는다. 속에 있는 건더기는 젓가락을 사용하여 집어 먹고, 국물을 마실 때는 국그릇을 들고 입에 대고 마시는 것이 예의이다. 숟가락은 죽이나 국밥, 계란찜처럼 젓가락으로 집을 수 없는 요리나 오므라이스, 카레라이스 등을 먹을 때만 사용한다.

(4) 술은 한 손으로 따른다.

일본에서는 술을 한 손으로 따르고 한 손으로 따르는 것이 일반적이다. 또한 우리 나라에서는 잔을 모두 비우고 상대에게 술을 받는 것이 예의로 통하지만 일본에서는 상대의 잔을 계속 채워 주는 것이 예의이다.

여기서는 い형용사와 な형용사의 과거형태에 대해 알아보겠습니다.

「어제 공부합니까?」「아까 밥 먹나요?」「작년에 일본에 가겠습니다.」라는 표현은
이상하시죠?
「어제 공부했습니까?」「아까 밥 먹었나요?」「작년에 일본에 갔습니다.」라는 식으로
표현을 해야겠죠? 이와 같은 표현이 바로 과거형태라는 것은 다 아실 것입니다.
그럼, 이러한 과거 표현은 일본어에서는 어떻게 해야 할까요?

먼저 친구나 자기 보다 아랫사람에게 사용하는 반말표현을 알아보겠습니다.

い형용사의 경우

기본형의 마지막 글자「い」를 빼고 대신「かった」를 넣어주면 됩니다.

な형용사의 경우에는

기본형의 마지막 글자「だ」를 빼고 대신「だった」를 넣어줍니다.

예를 들어「맛있다」라는「おいしい」를「맛있었다」로 바꿔보세요.
「おいしい」는 마지막 글자가「い」로 끝났으니 い형용사이네요.
위에서 い형용사는 마지막 글자「い」를 빼고「かった」를 넣으라고 했으니까
「おいしかった」라고 해야「맛있었다」라는 말이 되는 것입니다.

「조용하다」라는 말은 일본어에「しずかだ」라는 단어가 있습니다.
어떻게 해야「조용했다」라는 말이 될까요?
일단, 무슨 품사인지부터 알아봐야 겠네요. 품사가 뭔가요?
설마 い형용사는 아니겠죠? 끝이 い가 아니므로...
맞습니다. 마지막 글자가「だ」로 끝났으니 な형용사입니다.

따라서 마지막 글자 「だ」를 빼니 「しずか」만 남았네요. 그 다음에 뒤에다 「だった」
를 붙이라고 했으니까 결국, 「しずかだった」는 「조용했다」라는 말이 됩니다.

마지막으로 공손하게 말하는 표현을 보겠습니다.

이것은 어렵지 않습니다.

여러분들 일본어 기초에서 「~입니다」라는 표현이 「です」라고 배우셨죠?

위의 반말 표현 다음에 「です」만 넣어 주시면 됩니다.

즉, い형용사의 경우

기본형의 마지막 글자 「い」를 빼고 대신 「かったです」

な형용사의 경우에는

기본형의 마지막 글자 「だ」를 빼고 대신 「だったです」라는 말입니다.

참고적으로 「だったです」 대신에 회화체에서는 「でした」를 많이 쓰는 추세입니다.

따라서   「맛있었습니다」는 「おいしかったです」라고 하고,

　　　　「조용했습니다」는 「しずかだったです」, 또는 「しずかでした」라고 하면

　　　　되는 것이지요.

주의

한가지만 조심합시다!!!

い형용사 중에서 「좋다」라는 의미인 「いい」는 각별히 조심
하셔야 합니다.

위에서 설명한 대로라면 「좋았다」 「좋았습니다」는 각각 「い
かった」 「いかったです」가 되어야 하지만, 이렇게 표현하지
않고, 「よかった」 「よかったです」라고 합니다.

⚙ 문제를 내 보겠습니다.

친절했다(親切だ :   )　　비쌌습니다(高い :   )

번화했습니다(にぎやかだ :   )　　많았다(多い :   )

답　親切だった　　　　　　　　　　高かったです

　　にぎやかでした(にぎやかだったです)　多かった

벚꽃(さくら)과 오하나미(お花見 : おはなみ)

일반적으로 벚꽃을 일본의 국화(国花)라고 생각하고 있으나, 일본은 국화가 법으로 정해져 있지 않다. 다만, 일본 황실을 상징하는 국화(菊花)와 더불어 국화(国花)처럼 여기고 있는 것이다.

벚꽃은 3월 하순부터 4월에 걸쳐 북상하면서 꽃이 피기 시작하여 약 일주일 정도면 활짝 피는데, 이때 술과 음식을 장만하여 꽃을 감상하며 즐기는 데 이것을 오하나미라고 한다.

　벚꽃이 활짝 피는 시기가 되면 각지에서 오하나미 행사가 열리는데, 회사의 신입 사원들이 아침부터 좋은 자리를 골라 돗자리를 깔고 다른 사원들이 오기를 기다리는 풍경도 흔히 볼 수 있다.

　하나미(花見)란 말 그대로 「花(꽃 화) + 見(볼 견)」으로 '꽃을 바라보다.' 즉 '꽃 구경을 하다.'라는 뜻이다. 그러나, '하나미'는 단순히 그냥 꽃 구경이 아니다. 일본의 하나미에는 긴 역사가 얽혀 있다.

　하나미가 성대하게 시작된 것은 헤이안 시대이며, 지금과 같이 오락성을 띄며 일반 사람들에게 널리 정착하게 된 것은 에도 시대부터라고 한다. 부자나 가난한 사람들이나 모두 각자의 집단을 형성하여 하나미를 즐겼고, 그 안에서 특히 「茶番(ちゃばん)」이라고 하는 익살극(토막극)을 선보이기도 했다.

　결국 에도 시대의 하나미란 심한 속박 속에서 생활하고 있던 서민들이 힘들고 고된 일상에서 벗어나 기분 전환을 하여 다시 생기를 찾는 데에 그 의미가 있었던 것이다.

い형용사와 な형용사의 부정(~지 않다)을 나타내는 방법에 대해 알아보겠습니다.
먼저 친구나 자기 보다 아랫사람에게 사용하는 반말표현은 다음과 같습니다.

い형용사의 경우
기본형의 마지막 글자「い」를 빼고 대신「くない」를 넣어주면 됩니다.

な형용사의 경우에는
기본형의 마지막 글자「だ」를 빼고 대신「ではない」를 넣어줍니다.

い형용사인 軽い(가볍다)의 경우「가볍지 않다」는 軽くない가 되는 것이고,
な형용사인 上手だ(능숙하다)의 경우「능숙하지 않다」는 上手ではない가 되는 것
입니다.

이번에는 공손하게「~지 않습니다」라고 해 볼까요?
그 전에 한 가지 살펴 볼 것이 있습니다.
조금 전,「~지 않다」라는 표현은 각각「くない」,「ではない」라고 했는데, 이것을 잘
보니 마지막 글자가 다시「い」로 끝났다는 점입니다. 여기서 여러분들은 뭔가 생
각나지 않으세요?
그렇죠?
이것도 い형용사의 특징을 지니고 있다는 것입니다.
い형용사를 공손하게 나타내게 하기 위해서는 마지막 글자「い」다음에「です」를
붙인다고 했습니다.
따라서

い형용사의 경우
기본형의 마지막 글자「い」를 빼고 대신「くないです」를 넣어주면 됩니다.

な형용사의 경우에는

기본형의 마지막 글자 「だ」를 빼고 대신 「ではないです」를 넣어주면 됩니다.

> Tip)
> 1. 「では」는 「じゃ」로 바꿔 쓸 수 있다.
> 2. 「ないです」는 「ありません」으로 바꿔 쓸 수 있다.

예를 들어 「少ない(적다)」의 경우

「적지 않습니다」는 「少なくないです」, 또는 Tip2에서 설명했듯이 「少なくありません」
な형용사인 元気だ(건강하다)는 「건강하지 않습니다」를 Tip에서 설명한 것을 포함
하면,

元気ではないです。
元気じゃないです。
元気ではありません。
元気じゃありません。

이렇게 4가지의 문장이 나올 수 있습니다.

주의

한가지만 조심합시다!!!!

い형용사 중에서 「좋다」라는 의미인 「いい」는 「よくないで
す」라고 합니다.

⚙ 문제를 풀어 볼까요?

　넓지 않습니다(広い : 　　　　　　)

　싸지 않습니다(安い : 　　　　　　)

　편리하지 않습니다(便利だ : 　　　　　)

　깨끗하지 않습니다(きれいだ : 　　　　　)

답 広くないです(広くありません)

安くないです(安くありません)

便利ではないです(便利ではありません、便利じゃないです、便利じゃありません)

きれいではないです(きれいではありません、きれいじゃないです、きれいじゃありません)

가부키

17세기에 성립된 일본의 대표적인 서민 연극으로 오늘날에도 다른 전통극보다 가장 많은 애호가를 보유하고 있다. 국제적으로도 가부키 특유의 무대, 배우의 독특한 화장술, 여자 배우가 없고 남자 배우만으로 연기되는 점 등으로 주목을 받아 왔다.

화려한 무대와 양식미가 있어, 오늘날에도 다른 전통극 보다 많은 애호가를 보유하고 있다. 가부키는 원래 여자들이 중심이 되어 시작되었지만, 풍기 문란의 이유로 여자 배우가 없고 남자만의 연극으로 변하게 되었다. 그리고 극의 마지막은 우리 나라 고소설의 권선징악과 같이 해피 엔드로 끝나는 경우가 많다. 우리말에 남아 있는 〔18번〕이라는 말은 이치카와(市川) 집안에서 대대로 행해 온 〔아라고토(荒事)〕의 대표작 18종목을 〔주하치반(十八番)〕이라고 한 데에서 유래된 것이다.

가부키는 독특한 무대 장치로 유명한데, 근세를 통해 개발된 회전 무대, 하나미치(花道 : 무대 왼편에서 객석을 건너질러 마련된 통로), 슷폰(スッポン : 하나미치 중간에 뚫린 구멍으로, 이 구멍을 통해 요괴 등으로 분장한 배우들이 튀어나오곤 한다) 등은 서양 연극에도 영향을 준 것으로 알려져 있다. 또 무대 예술로서 가부키는 무용극이며 음악극의 성격도 중요시되고 있다. 여기에는 일본의 대표적 전통 악기로 알려진 샤미센(三味線)이 중요한 역할을 하고 있다.

い형용사와 な형용사의 부정 과거형태를 알아보겠습니다.
「예쁘지 않았습니다」라는 문장을 잘 생각해 보면, 부정형태와 과거형태가 같이 있다는 것을 알 수 있을 것입니다.

이렇게 과거에 「~지 않았다」라는 표현은

① 일단 부정형태로 고친다

暑い(덥다) → 暑くない(덥지 않다)
親切だ(친절하다) → 親切ではない(친절하지 않다)

② 다음으로 과거형태를 넣어주면 되는데, ①의 부정형태를 보면 모두 「い」로 끝났으므로, い형용사의 과거형태로 만들어 준다. 즉, 마지막 글자 い를 없애고 かった를 넣는다.

暑くない(덥지 않다) → 暑くなかった(덥지 않았다)
親切ではない(친절하지 않다) → 親切ではなかった(친절하지 않았다)

여기에 공손하게 표현하고 싶으면 뒤에 「です」를 붙여 준다.

暑くなかった(덥지 않았다) → 暑くなかったです(덥지 않았습니다)
親切ではない(친절하지 않다) → 親切ではなかったです(친절하지 않았습니다)

앞에서 제가 Tip으로 일본어 표현에서 호환이 가능한 표현을 두 가지 알려 드렸습니다.
거기에 덧붙여 한가지를 더 추가하겠습니다.

Tip)
1. 「では」는 「じゃ」로 바꿔 쓸 수 있다.
2. 「ないです」는 「ありません」으로 바꿔 쓸 수 있다.
3. 「なかったです」는 「ありませんでした」로 바꿔 쓸 수 있다.

따라서

「덥지 않았습니다」는 暑くなかったです ＝ 暑くありませんでした

「친절하지 않았습니다」는 親切ではなかったです ＝ 親切ではありませんでした

라고도 할 수 있다는 것입니다.

주의

한가지만 조심합시다!!!

い형용사 중에서 「좋다」라는 의미인 「いい」는 「よくなかったです(＝よくありませんでした)」라고 합니다.

⚙ 문제입니다.

유명하지 않았습니다. (有名だ :   )
편리하지 않았습니다. (便利だ :   )
맵지 않았습니다. (辛い :   )
쉽지 않았습니다. (易しい :   )

답 有名ではなかったです(有名ではありませんでした)
便利ではなかったです(便利ではありませんでした)
辛くなかったです(辛くありませんでした)
易しくなかったです(易しくありませんでした)

여기서는 동사의 종류에 대해 살펴보도록 하겠습니다.

동사에는 3가지 종류가 있다.

앞에서 い형용사는 기본형의 마지막 글자가 「い」, な형용사는 기본형의 마지막 글자가 「だ」, 동사는 기본형의 마지막 글자를 읽어서 「ㅜ」라는 모음을 지니고 있어야 한다고 했습니다.

그런데 문제는 동사는 다시 세 가지 종류가 있다는 것입니다.

예전에는 5가지(5단 동사, 상1단 동사, 하1단 동사, カ행 변격 활용 동사, サ행 변격 활용 동사)로 나누었지만, 요즘은 활용하는 형태에 따라 3가지로 구분하는 것이 보통입니다.

그 3가지란, 1그룹 동사, 2그룹 동사, 3그룹 동사입니다.

그 3가지 동사는 각각 활용하는 형태가 다르므로, 반드시 구분을 할 줄 알아야 할 것입니다.

구분 방법

먼저 3그룹 동사부터 살펴보겠습니다.

동사는 그 숫자가 상당히 많습니다.

그러나 3그룹 동사는 그 많은 동사중에서 딱 2개밖에 없습니다.

운동하다, 공부하다, 쇼핑하다처럼 「~하다」라는 의미의 「**する**」와 학교에 오다, 한국에 오다, 도서관에 오다처럼 「오다」라는 의미의 「**くる**」이 두 개밖에 없죠.

따라서 3그룹 동사는 이 2가지 밖에 없으므로 그냥 외워두는 것이 속 편하겠죠?

그렇다면, 3그룹 동사인 「**する**」와「**くる**」를 제외한 나머지 동사들은 모두 2그룹 동사와 1그룹 동사 둘 중의 하나가 될 수 밖에 없을 것입니다.

2그룹 동사는 특징이 있습니다.

마지막 글자가 「ㅜ」라는 모음(うくぐすつぬぶむる)으로 끝나는 것이 동사라고 했습니다만, 그 중에서도 2그룹 동사는 마지막 글자가 100%「る」라는 글자로 끝납니다.

여기서 돌발퀴즈, 그럼 うくぐすつぬぶむ라는 글자로 끝나는 것은 무슨 동사일까요?

그렇죠... 1그룹 동사이겠죠?

3그룹 동사는 「する」와 「くる」 뿐이고, 2그룹 동사는 마지막 글자가 「る」라고 했으니, 「ㅜ」라는 모음을 갖고 있는 글자 중에서 「る」말고 「ㅜ」라는 모음을 갖는 다른 글자들은 전부 1그룹 동사가 되겠죠?

그렇지만, 1그룹 동사도 끝이 「る」로 끝나는 것들이 있습니다.

머리 아프시죠?

자, 그러면 정확한 구별법을 알려 드리겠습니다.

일단, 끝이 「る」말고 「ㅜ」라는 모음을 갖는 다른 글자들(うくぐすつぬぶむ)이 오면 볼 것도 없이 1그룹 동사입니다.

끝이 「る」로 끝나면, 1그룹 동사가 아닐까 의심을 하시고 「る」바로 앞에 있는 글자를 읽어보세요. 읽어서 「ㅣ」나 「ㅔ」라는 모음이 있으면 비로소 2형동사입니다.

예를 들어, たべる(먹다)는 무슨 동사일까요?

끝이 「る」로 끝났습니다. 무조건 2그룹 동사라 생각하지 마시고, 혹시 1그룹 동사가 아닐까 의심을 하세요. 그래서 「る」바로 앞에 있는 글자를 읽어보았습니다. 읽어보니 「べ」라는 글자이군요. 모음이 뭐죠? ㅂ + ㅔ 「ㅔ」라는 모음이 왔네요. 그러니까 비로소 2그룹 동사라고 판단이 되는 것입니다.

만약, のる(타다)의 경우에는 무슨 동사인가요?

끝이 「る」로 끝나면 일단 의심을 하고 「る」바로 앞의 글자인 글자를 읽어보라고 했습니다. 여기서는 「る」의 바로 앞 글자가 「の」이므로 읽어보면, ㄴ + ㅗ 「ㅗ」라는 모음이 왔습니다. 「ㅣ」나 「ㅔ」라는 모음이 와야지 2그룹 동사라 했으므로, 이것은

1그룹 동사가 되는 것입니다.

이해되시나요?

지금까지의 설명을 종합하면,

모든 동사는 끝이 「ㅜ」라는 모음을 갖고 있다.

동사는 크게 3종류가 있는데, 3그룹 동사는 단 2개(**する** : 하다, **くる** : 오다)뿐이
다.

2그룹 동사는 무조건 끝이 「る」로 끝나고, 「る」바로 앞의 글자의 모음이 ㅣ, ㅔ

여야만 한다.

그렇지 않으면 1그룹 동사로 보면 된다.

그러나 여기서도 예외가 있는데, 형태는 2그룹 동사이지만 1그룹 동사로 취급을

하는 것이 몇 가지 있습니다.

이것은 그냥 외워두실 수 밖에 없습니다.

帰る(돌아가다, 돌아오다), 切る(자르다), 走る(달리다) 入る(들어가다), 知る(알다)

등이 바로 그것입니다.

이러한 예외 1그룹 동사는 그리 많지 않습니다. 예외 1그룹 동사라고 표시된 것은

무조건 외워두십시오.

☀ 그러면, 한번 동사를 구별해 보십시오.

① 待つ(기다리다) ② 歩く(걷다) ③ 教える(가르치다) ④ 借りる(빌리다)
⑤ 作る(만들다) ⑥ 来る(오다) ⑦ 歌う(노래하다) ⑧ 見せる(보여주다)
⑨ 思う(생각하다) ⑩ 分かる(알다) ⑪ 帰る(돌아오다) ⑫ 遊ぶ(놀다)
⑬ 話す(이야기하다) ⑭ 終る(끝나다) ⑮ 休む(쉬다)

답 1그룹 동사 : ①②⑤⑦⑨⑩⑪(예외 1그룹 동사)⑫⑬⑭⑮

　　2그룹 동사 : ③④⑧

　　3그룹 동사 : ⑥

이번에는 동사를 공손하게 나타내는 방법에 대해 설명드리겠습니다.

먼저 다음 문제들을 맞춰 보세요.

先生(선생님) → 선생님입니다 :

暑い(덥다) → 덥습니다 :

静かだ(조용하다) → 조용합니다 :

각각 先生です、暑いです、静かです라고 대답하실 수 있겠죠?

명사, い형용사, な형용사들을 공손하게 「~입니다, ~합니다」라고 표현하기 위해서는 「です」를 붙인다는 것을 아실 것입니다.

그러나, 동사의 경우에는 공손하게 나타낼 때 「です」가 아닌 「ます」를 붙입니다.

그럼, 지금부터 동사에 ます를 붙여 공손하게 나타내는 방법에 대해 말씀드리겠습니다.

동사는 3가지 종류가 있다고 말씀드렸습니다만, 각각의 동사마다 ます를 붙이는 방법이 다릅니다.

먼저 3그룹 동사는 「する(하다)」「くる(오다)」두 가지 밖에 없다고 말씀드렸고, 따라서 활용하는 형태도 그냥 외워 두시는 것이 속 편하다고 했습니다.

する(하다) → します(합니다)

くる(오다) → きます(옵니다)

다음으로 2그룹 동사는 기본형의 마지막 글자가 반드시 「る」로 끝난다고 말씀드렸습니다.

그 마지막 글자 「る」라는 글자를 빼고 「ます」를 붙이면 됩니다.

起きる(일어나다) → 起きます(일어납니다)

食べる(먹다) → 食べます(먹습니다)

마지막으로 1그룹 동사의 경우를 설명드리겠습니다.

기본형 마지막 글자의 모음 「ㅜ」를 「ㅣ」로 바꾸고 **ます**로 붙입니다.

가령, 「行く(가다)」의 경우, 1그룹 동사 맞죠?

마지막 글자를 읽어보니 「く」이네요. 「쿠」는 「ㅋ + ㅜ」, 여기서 「ㅜ」를 「ㅣ」로 바꾸면, 「ㅋ + ㅣ」, 「키」라는 발음의 글자는 「き」이므로 결국, 「갑니다」라고 공손하게 나타내려면, 「行きます」라고 해야 되는 것입니다.

⚙ 그럼 문제를 내 보겠습니다.

맥주를 마십니다 (飲む 마시다) → ビールを_____。

책을 삽니다 (買う 사다) → 本を_____。

영화를 봅니다 (見る 보다) → 映画を_____。

일본어를 가르칩니다 (教える 가르치다) → 日本語を_____。

공부를 합니다 (する 하다) → 勉強を_____。

답 飲みます　　　　買います　　　　見ます

　　教えます　　　　します

앞에서 배운 ます를 붙인 상태에서 그 문장을 과거형태, 부정형태, 과거 부정형태
를 만들 수 있습니다.

먼저 다음 표를 봐 주세요.

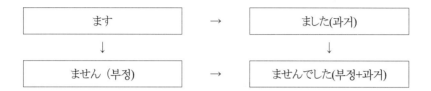

표에서 알 수 있듯이 ます로 끝나는 문장에서 ます를 ました로 바꾸면 그 문장은
과거형태로 바뀝니다. ます를 ません으로 바꾸면 부정을 나타내게 되며, ませんで
した로 바꾸면 과거 부정형태가 됩니다.

예를 들어 보겠습니다.

> 行く(가다) → 行きます(갑니다)
> → 行きました(갔습니다)
> → 行きません(안 갑니다)
> → 行きませんでした(가지 않았습니다)

⚙ 다음 문제를 풀어 보세요

* 어제는 공부하지 않았습니다. (어제 : 昨日, 공부하다 : 勉強する)

  →

* 이제는 안 만납니다. (이제는 : これからは, 만나다 : 会う)

  →

* 12시까지 책을 읽었습니다. (12시까지 : 12時まで, 읽다 : 読む)

답　昨日は 勉強しませんでした。　　　これからは 会いません。
　　12時まで 本を 読みました。

이번에는 동사의 부정형에 대해 알아보겠습니다.

동사를 공손하게 나타내기 위해서는 뒤에 「ます」를 붙인다고 말했습니다만, 부정(~지 않다)을 나타내기 위해서는 뒤에 「ない」라는 말을 넣어줍니다.

이 또한 동사의 종류에 따라 ない를 붙이는 방법이 다릅니다.

먼저 3그룹 동사는 する, くる 두 개의 동사밖에 없다고 말씀드렸고, 따라서 활용형태를 그대로 외워달라고 했습니다.

> する(하다) → **しない**(하지 않는다)
> くる(오다) → **こない**(오지 않는다)

다음으로 2그룹 동사는 기본형의 마지막 글자가 무조건 「る」로 끝난다고 말했는데, 그 마지막 글자 「る」를 없앤 다음 「**ない**」를 붙입니다.

예를 들어 あきらめる(포기하다)의 경우, 「포기하지 않는다」라는 표현은 어떻게 할까요?

「あきらめない」라고 하면 될 것입니다.

마지막으로 1그룹 동사는 기본형 마지막 글자의 모음 「ㅜ」를 「ㅏ」로 바꾸고 **ない**를 붙입니다.

가령, 「休む(쉬다)」의 경우, 마지막 글자를 읽어보니 「む」입니다. 「무」는 「ㅁ + ㅜ」, 여기서 「ㅜ」를 「ㅏ」로 바꾸면, 「ㅁ + ㅏ」, 「마」라는 발음의 글자는 「ま」이므로 결국, 「쉬지 않는다」라고 부정의 의미를 나타내려면, 「休まない」라고 해야 되는 것입니다.

그런데 여기서 잠깐!

여러분 보다 나이 많은 사람이나 지위가 높은 사람에게는 공손하게 얘기해야 하겠죠?

선생님한테 「쉬지 않는다, 안 쉰다」라고 하시는 분 계시지 않겠죠?

「쉬지 않습니다. 안 쉽니다」라고 공손하게 나타내려면 어떻게 해야 할까요?

지금 저희는 동사에 ない를 붙이는 것을 배우고 있는데, ない를 잘 보니 끝이 무엇으로 끝났나요? 「い」로 끝났으니 い형용사죠? 공손하게 나타내려면 뒤에 です를 붙이고, 과거를 나타내려면 い를 빼고 かったです였습니다. (모르시는 분들은 필수문법4, 5편 참조하세요.)

> 쉬지 않습니다 : 休まないです。
>
> 쉬지 않았습니다 : 休まなかったです。

여러분들중 「어? 예전에 ~지 않습니다, ~지 않았습니다라는 표현 배운 것 같은데..」라고 생각하시는 분 계실 겁니다.

필수문법 8편에서 언급했습니다.

따라서,

> ます
>
> ません(~지 않습니다) = ないです
>
> ませんでした(~지 않았습니다) = なかったです

가 되는 것이지요.

즉, 쉬지 않습니다 : 休まないです는 休みません,

쉬지 않았습니다 : 休まなかったです는 休みませんでした와 같은 의미입니다.

⚙ 그럼, 문제를 풀어볼까요?

　　　기다리지 않는다(기다리다 : 待つ) →

　　　기다리지 않습니다 →

　　　기다리지 않았습니다 →

　　　먹지 않는다(먹다 : 食べる) →

　　　먹지 않습니다 →

　　　먹지 않았습니다 →

　　　오지 않는다(오다 : 来る) →

　　　오지 않습니다 →

　　　오지 않았습니다 →

답　待たない / 待たないです(待ちません) / 待たなかったです(待ちませんでした)
　　食べない / 食べないです(食べません) / 食べなかったです(食べませんでした)
　　来ない / 来ないです(来ません) / 来なかったです(来ませんでした)

て형

이번에는 て형태에 대해 설명해 보겠습니다.

이 て형을 모르면 일본어 회화가 되지 않는다고 할 정도로 중요한 것 중의 하나입니다.

먼저 「て」의 의미를 외워 두셔야 하는데, 「~하고, ~해서」라는 2가지 의미를 갖고 있습니다.

꼭 외워 두시기 바랍니다.

한국어에서도 「~하고, ~해서」라는 말로 다양한 표현을 할 수 있습니다.

가령, 「먹다」라는 동사를 활용하여 「밥을 먹고 오겠습니다. 많이 먹어서 배가 아픕니다...」라는 등의 표현이 있죠?

일본어도 마찬가지입니다.

그럼, 본격적으로 동사에 て를 붙이는 방법에 대해 설명하겠습니다.

먼저 제가 개사한 노래를 알려 드리겠습니다.

여러분들, 「주먹 쥐고 손을 펴서 손뼉치고 주먹쥐고」라는 노래를 아시지요?

그 노래에 맞게 불러 보실래요?

> 1그룹 동사 く는 いて, ぐ는 いで, うつる って
> ぬぶむ んで, す는 して
>
> 2그룹 동사 る없애고 て
> する는 して, くる는 きて
>
> 行く는 예외로 行って입니다.

위의 노래가사가 바로 て형을 설명하고 있는데요.

먼저, 「1그룹 동사 く는 いて、ぐ는 いで、うつるって、ぬぶむんで、す는 して」라는

부분에 대해 설명드리면,

* **くは いて**

  1그룹 동사 중에서 끝이 く로 끝나는 동사는 く가 い로 바뀌고 て를 붙인다.

  예) 書く(쓰다, 적다) → 書いて(쓰고, 써서)

* **ぐは いで**

  1그룹 동사 중에서 끝이 ぐ로 끝나는 동사는 ぐ가 い로 바뀌고 で를 붙인다.

  예) 脱ぐ(벗다) → 脱いで(벗고, 벗어서)

* **うつる って**

  1그룹 동사 중에서 끝이 う、つ、る로 끝나는 동사는 그 마지막 글자를 っ로 바꾸고 て를 붙인다.

  예) 買う(사다) → 買って (사고, 사서)
  待つ(기다리다) → 待って (기다리고, 기다려서)
  売る(팔다) → 売って (팔고, 팔아서)

* **ぬぶむ んで**

  1그룹 동사 중에서 끝이 ぬ,ぶ,む로 끝나는 동사는 그 마지막 글자를 ん으로 바꾸고 で를 붙인다.

  예) 死ぬ(죽다) → 死んで (죽고, 죽어서)
  呼ぶ(부르다) → 呼んで (부르고, 불러서)
  飲む(마시다) → 飲んで (마시고, 마셔서)

* すは して

1그룹 동사중에서 끝이 す로 끝나는 동사는 그 마지막 글자를 し로 바꾸고 て 를 붙인다.

예) 話す(이야기하다) → 話して(이야기하고, 이야기해서)

* 2그룹 동사 る없애고 て

2그룹 동사는 마지막 글자 る를 없애고 て를 붙인다.

    예) 起きる(일어나다) → 起きて(일어나고, 일어나서)
      食べる(먹다) → 食べて(먹고, 먹어서)

* するは して, くるは きて

3그룹 동사인 する는 して이며, くる는 きて이다.

勉強する(공부하다) → 勉強して(공부하고, 공부해서)

くる(오다) → きて(오고, 와서)

* 行くは 예외로 行って입니다.

1그룹 동사 중에서 行く만은 예외적으로 마지막 글자 く를 い가 아닌 っ으로 바꾸고 て를 붙인다. 行いて라고 하지 않는다.

즉, 行く(가다) → 行って(가고, 가서)

이 책에서 말하는 ます형, ない형이란?

동사(動詞)를 활용해서 여러 다양한 표현들을 나타낼 수 있는데, 그 다양한 표현들 중 많은 것들이 ます형, ない형을 통해 활용을 하게 된다.

ます형이란 말 그대로 「동사를 **ます**를 붙일 수 있는 형태로 활용을 해 달라는 것」이며, ない형이란 「동사를 **ない**를 붙일 수 있는 형태로 활용을 해 달라는 것」이다.

호텔에서 흔히 사용되는 외래어

ウェーター	웨이터(waiter)	テレビ	텔레비젼(television)
ウェートレス	웨이트리스(waitress)	ドアマン	도어맨(door man)
エレベーター	엘리베이터(elevator)	ナイフ	나이프(knife)
カート	카트(cart)	ハウスキーピンク	하우스 키핑(house keeping)
キー	열쇠(key)	パスポート	여권(passport)
キャッシャー	캐셔, 계산원(cashier)	ビジネス	비지니스(business)
クラーク	클럭, 사무원(clerk)	ファックス	팩스(fax)
コーヒーショップ	커피숍(coffee shop)	プレス	프레스, 다림질(press)
サービス	서비스(service)	フロント	프론트(front)
サイン	사인(sign)	ベルデスク	벨 데스크(bell desk)
シングルルーム	싱글 룸(single room)	ベルマン	벨맨(bell man)
スプーン	수저, 스푼(spoon)	ホテル	호텔(hotel)
セーフティーボックス	안전 금고(safety box)	ミニバー	미니바(mini bar)
ダブルルーム	더블 룸(double room)	モーニングコール	모닝 콜(morning call)
チェックイン	체크인(check-in)	ルームメード	룸메이드(room maid)
チェックアウト	체크 아웃(check-out)	ルームサービス	룸서비스(room service)
チップ	팁(tip)	レート	비율, 환율(rate)
ツインルーム	트윈 룸(twin room)	ワープロ	워드 프로세서(word processor)

기본 조사 정리

조사	의미	예 문
は	~은, ~는	ここはホテルです。 (여기는 호텔입니다.)
が	~이, ~가	私がお部屋までご案内します。 (제가 방까지 안내하겠습니다.)
も	~도	クレジットカードもできますか。 (크레딧 카드도 되나요?)
の	~의	これは私のパスポートです。 (이것은 나의 여권입니다.)
を	~을	パスポートを見せてください。 (여권을 보여주세요.)
に	~에	田中さんはレストランにいます。 (田中씨는 레스토랑에 있습니다.)
で	~에서	ホテルのラウンジでコーヒーを飲みました。 (호텔 라운지에서 커피를 마셨습니다.)
	~로, ~으로	日本語で話してください。 (일본어로 말해 주십시요)
へ	~(쪽)으로	明日, 日本へ行きます。 (내일 일본에 갑니다.)

と	~와, ~과	こちらに お名前と ご住所を どうぞ。 (여기에 성함과 주소를 적어주십시오)
から	~부터	明日から休みです。 (내일부터 휴일입니다.)
まで	~까지	このレストランは夜10時までです。 (이 레스토랑은 밤 10시까지입니다.)
より	~보다	このレストランは日本よりおいしいです。 (이 레스토랑은 일본보다 맛있습니다.)
か	~니까?	ご予約なさいましたか? (예약하셨습니까?)
ね	~군요	とてもおいしいですね。 (매우 재미있군요)
よ	~예요	お湯が出ないですよ。 (더운 물이 않나와요.)

주의해야 할 조사 (に와 が)

조사	의미	설명	비고
に	~을, ~를	乗る「(어떤 탈 것을) 타다」 앞에서 예) 車に乗る(차를 타다) 飛行機に乗る(비행기를 타다) 船に乗る(배를 타다)	「を」아님
	~을, ~를	会う「만나다」 앞에서 예) 木村さんに会う。(木村씨를 만나다)	「を」아님
	~이, ~가	なる「되다」 앞에 예) 旅行はキャンセルになりました。 (여행은 캔슬이 되었습니다)	「が」아님
が	~을	できる「할 수 있다」 앞에서 私は日本語ができます。 나는 일본어를 할 수 있습니다.	「を」아님
	~을	わかる「알다, 이해하다」 앞에서 あなたは英語がわかりますか。 당신은 영어를 아십니까?	「を」아님
	~을	好きです「좋아합니다」 앞에서 私は金さんが好きです。 나는 김영진씨를 좋아합니다.	「を」아님
	~을	嫌いです「싫어합니다」 앞에서 私はお酒が嫌いです。 나는 술을 싫어합니다.	「を」아님
	~을	上手です「잘합니다」 앞에서 金さんは日本語が上手ですか?김영진씨는 일본어를 잘합니까?	「を」아님
	~을	下手です「못합니다」 앞에서 私は歌が下手です。 나는 노래를 못합니다.	「を」아님

많이 사용되는 조수사

	박(泊)	병, 자루, 그루	마실것(잔)	물건	얇은 것(장)
1	いっぱく	いっぽん	いっぱい	ひとつ	いちまい
2	にはく	にほん	にはい	ふたつ	にまい
3	さんぱく	さんぼん	さんばい	みっつ	さんまい
4	よんぱく	よんほん	よんはい	よっつ	よんまい
5	ごはく	ごほん	ごはい	いつつ	ごまい
6	ろっぱく	ろっぽん	ろっぱい	むっつ	ろくまい
7	ななはく	ななほん	ななはい	ななつ	ななまい
8	はっぱく	はっぽん	はっぱい	やっつ	はちまい
9	きゅうはく	きゅうほん	きゅうはい	ここのつ	きゅうまい
10	じゅっぱく	じゅっぽん	じゅっぱい	とお	じゅうまい
	何泊 なんぱく	何本 なんぼん	何杯 なんばい	いくつ	何枚 なんまい

何月(몇월)
<small>なんがつ</small>

1月	2月	3月	4月	5月	6月
いちがつ	にがつ	さんがつ	しがつ	ごがつ	ろくがつ
7月	8月	9月	10月	11月	12月
しちがつ	はちがつ	くがつ	じゅうがつ	じゅういちがつ	じゅうにがつ

何日(몇일)
<small>なんにち</small>

1日	2日	3日	4日	5日
ついたち	**ふつか**	**みっか**	**よっか**	**いつか**
6日	7日	8日	9日	10日
むいか	**なのか**	**ようか**	**ここのか**	**とおか**
11日	12日	13日	14日	15日
じゅういちにち	じゅうににち	じゅうさんにち	**じゅうよっか**	じゅうごにち
16日	17日	18日	19日	20日
じゅうろくにち	**じゅうしちにち**	じゅうはちにち	**じゅうくにち**	**はつか**
21日	22日	23日	24日	25日
にじゅういちにち	にじゅうににち	にじゅうさんにち	**にじゅうよっか**	にじゅうごにち
26日	27日	28日	29日	30日
にじゅうろくにち	**にじゅうしちにち**	にじゅうはちにち	**にじゅうくにち**	さんじゅうにち
31日				
さんじゅういちにち				

4. 레스토랑의 접객 매뉴얼 일본어 통문장

-고객 안내-

1. 고객이 업장에 들어오면 밝은 목소리로 いらっしゃいませ(어서 오십시오)라고 친
   근감 있는 인사를 한다.

2. 고객 인원 수 확인
   何名様でいらっしゃいますか。몇 분이십니까?

3. 좌석 안내
   ご案内いたします。どうぞこちらへ。

   안내해 드리겠습니다. 이쪽으로 오십시오.

   라고 말하면서 고객보다 2~3보 앞서 걸으면서 안내한다.

-좌석 안내-

1. 만석이어서 빈 좌석이 없을 경우
   少々お待ちくださいませ。
   お席が空きましたら、ご案内いたします。

   잠시만 기다려 주십시오.

   좌석이 비면 안내해 드리겠습니다.

2. 빈 좌석이 생겼을 경우
   大変お待たせいたしました。どうぞこちらへ。

   오래 기다리셨습니다. 이쪽으로 오십시오.

-요리 주문-

Order Taker는 테이블 40~50cm 앞에 서서

1. 失礼いたします。メニューでございます。

실례하겠습니다. 메뉴입니다.

라고 말하면 손님의 오른쪽에서부터 메뉴판을 제공한다.

- 메뉴는 한 사람에게 하나씩

- 물수건(おしぼり)은 사람 수대로

- 물도 사람 수대로 제공한다.

2. 고객으로부터 주문을 받을 경우

ご注文はお決まりでございますか。(주문은 정하셨습니까?) 또는,

ご注文はになさいますか。(주문은 무엇으로 하시겠습니까?)라고

묻는다.

3. 고객이 주문을 쉽게 정하지 못할 경우에는

お客様、お決まりになりましたらおびくださいませ。

(손님, 결정하시면 불러 주십시오)라고 하고 물러난다.

-요리 제공 -

1. 완성된 요리는 이물질이 들어가 있는지 여부를 확인한다.

2. 요리는 주문과 일치하는지 확인한다.

3. 요리를 테이블로 가지고 가서, 우선 おたせいたしました。(오래 기다리셨습니다.)
   라고 인사한다.

4. 요리를 테이블에 놓을 때,

   OOでございます。(OO입니다)라고 고객에게 확인하고 조용히 음식을 내려 놓
   는다.

5. 요리는 왼쪽에서부터, 음료는 오른쪽에서부터 놓는다.

6. 서비스 순서는 어린이, 고령자, 부인, 남성의 순서대로 제공한다.

7. 요리 제공이 다 끝나면,

   どうぞ、ごゆっくりお召し上がりくださいませ。

   (천천히 맛있게 드십시오)라고 말하고 가볍게 인사한다.

-식기 치우기-

1. 고객이 식사가 끝났으면

   失礼いたします。もうお済みでございますか。

   (실례하겠습니다. 식사 다 하셨습니까?)라고 말하고 가볍게 손바닥으로 식기를

   가리킨다.

2. 고객이 그렇다고 대답을 하면,

   おげしてもよろしいですか。

   (치워도 되겠습니까?)라고 물어본 뒤에 치우도록 한다.

   식기를 치울 때에는 고객에게 빨리 나가라는 인상을 주지 않도록 한다.

3. 이 때, 다른 주문은 없는지도 확인한다.

-계산-

1. 고객이 전표를 갖고 계산대에 오면,

   ありがとうございます。少々おちください。

   (감사합니다. 잠시 기다려 주십시오)라고 웃는 얼굴로 가볍게 인사한다.

2. 요금은

   OOウォンでございます。(OO원입니다)라고 말한다.

3. 요금을 받을 때는

   OOウォンお預かりいたします。

   (OO원 받았습니다)라고 돈을 양손으로 정중히 받고, 지폐와 고객의 얼굴을 번

   갈아 보면서 확인한다.

4. 거스름 돈을 건네줄 때는

   おたせいたしました。(오래 기다리셨습니다.)

   OOウォンのお返しでございます。(거스름 돈 OO입니다.)

   お確かめください。(확인하십시오)라고 말한다.

   거스름돈은 지폐, 영수증, 동전의 순서대로 현금 받침대에 놓는다.

5. 손님이 계산을 마쳤을 때는

ありがとうございました。またどうぞお越しくださいませ。

(감사합니다. 또 찾아 주십시오)라고 정중하게 인사를 하고 고객이 문을 나설 때까지 배웅한다.

골든 위크(Golden Week)

일본의 휴일을 잘 살펴보면 4월말부터 5월 첫째 주에 국경일이 4일이나 끼여 있다. 4월 29일 (みどりの日 : 녹색의 날로 우리나라의 식목일과 비슷한데, 원래는 쇼와 왕의 생일이었으나 왕이 죽은 후 휴일의 명칭을 바꿔 현재까지 계속 지정), 5월 3일(헌법기념일), 5월 4일(国民の休日 : 국민의 휴일), 5월 5일(こどもの日 : 어린이 날)이 연이어 있다. 게다가 토요일, 일요일이 꼭 들어가기 때문에 1주일 정도 휴일을 보내는 사람도 적지 않다.

일본은 주휴 2일제이므로 주말 연휴와 연결된 경우, 대략 5~9일간의 연휴로 이어져 황금 연휴라 부른다. 대부분의 기업체는 물론 관공서, 학교 등이 휴무 상태로 국내 행락지가 혼잡해지고 1년 중 해외 여행을 가장 많이 가는 시기이다.

특히, 해외 여행의 경우, 각 방면별로 평소의 3, 4배의 가격 인상에도 불구하고 좌석잡기가 힘들 정도로 수요가 집중되는 시기이다.

한국의 관광산업도 일본의 황금연휴의 영향을 많이 받아 이 기간에 상당한 호황을 누리고 있다.

5. 여행관련 일본어 통문장

다음 200개 문장은 국외여행인솔자가 일본으로 관광객을 인솔할 때 반드시 알아
두어야 할 문장들입니다.

1) 탑승권을 보여 주십시오.

搭乗券を見せてください。

2) 제 자리는 어딘가요?

私の席はどこですか。

3) 부탁드립니다.

お願いします。

4) 감사합니다.

ありがとうございます。

5) 죄송합니다.

すみません。

6) 가방이 선반에 않들어가요.

かばんが棚に入りません。

7) 제가 하겠습니다.

私がいたします。

8) 저쪽으로 옮겨도 될까요?

あちらに移ってもいいですか。

9) 괜찮습니다.

けっこうです。

10) 짐은 여기에 놓아도 될까요?

荷物はここに置いてもいいですか。

11) 저는 커피로 하겠습니다.

私はコーヒーにします。

12) 잘 먹었습니다.

ごちそうさまでした。

13) 치워 주세요.

さげてください。

14) 알겠습니다.

かしこまりました。

15) 다시 한번 말씀해 주세요.

もう一度言ってください。

16) 짐이 보이지 않는데요.

荷物が見つかりません。

17) 대한항공 822편으로 도착했습니다.

大韓航空822便で到着しました。

18) 크레임 택(claim tag) 는 갖고 계십니까?

クレイムタグはお持ちですか。

19) 여행용 가방(suitcase) 이 부서졌습니다.

スーツケースが壊れています。

20) 이 정도 크기입니다.

このくらいの大きさです。

21) 가방을 열어주세요.

かばんを開けてください。

22) 이것은 반입할 수 없습니다.

これは持ち込めません。

23) 안내 방송을 부탁합니다.

呼び出し放送をお願いします。

24) 처음 뵙겠습니다.

はじめまして。

25) 잘 부탁하겠습니다.

どうぞよろしく。

26) 저를 포함해서 15명입니다.

私を入れて15人です。

27) 버스는 어디에 있습니까?

バスはどこにありますか。

28) 호텔까지는 얼마나 걸립니까?

ホテルまではどのくらいかかりますか。

29) 이것은 일정표와 호텔 바우쳐(Voucher) 입니다.

これは日程表とホテルのバウチャーです。

30) 식사 내용이 바뀐 것 같습니다만,

食事の内容 が変わったようですが,

31) 손님은 15분이고, 짐은 전부 23개입니다.

お客さんは15人で、荷物は全部で23個です。

32) 짐을 버스까지 운반해 주세요.

荷物をバスまで運んでください。

33) 버스까지 안내해 드리겠습니다.

バスまでご案内します。

34) 좀 더 천천히 말씀해 주세요.

もっとゆっくり話してください。

35) 뭔가 용건이 있으시면, 언제라도 연락 주십시오.

何かご用がございましたら、いつでもご連絡ください。

36) 예약은 확실히 해 놓았습니다.

予約はちゃんとできています。

37) 손님은 모두 승차하셨습니까?

お客様はみんなお乗りになりましたか。

38) 호텔에 도착하면 가르쳐주세요.

ホテルに着いたら教えてください。

39) 이것은 어떻게 사용하나요?

これはどうやって使うんですか。

40) 더우니까 에어컨을 켜 주세요.

暑いからエアコンをつけてください。

41) 마이크 스위치 좀 켜 주세요.

マイクのスイッチを入れてください。

42) 길이 막히는군요.

みち こ
道が込んでいますね。

43) 손님과 상의해 보겠습니다.

きゃく そうだん
お客さんと相談してみます。

45) 도쿄타워는 내일로 하겠습니다.

とうきょう あした
東京タワーは明日にしましょう。

46) 레스토랑 예약은 되어 있나요?

よ やく
レストランの予約はできていますか。

47) 식사는 몇시부터입니까?

しょくじ なんじ
食事は何時からですか。

48) 차내에 손님 가방이 있는지 어떤지 확인해 주십시오.

しゃない きゃく たし
車内にお客さんのかばんがあるかどうか確かめてください。

49) 내일은 아침 9시까지 호텔 입구에 배차시켜 주세요.

あした あさ じ いりぐち はいしゃ
明日は朝9時までホテルの入口に配車してください。

50) 운전수 아저씨 전화번호를 가르쳐주세요.

でんわばんごう おし
ドライバーさんの電話番号を教えてください。

51) 잠깐 버스좀 세워 주세요.

と
ちょっとバスを停めてください。

52) 오래 기다리셨습니다.

ま
お待たせしました。

53) 짐은 몇개이십니까?

にもつ
お荷物はいくつですか。

54) 내일 아침 6시에 모닝콜 부탁드리겠습니다.

明日の朝6時にモーニングコールをお願いします。

55) 조식은 몇시부터입니까?

朝食は何時からですか。

56) 짐을 방까지 운반해 주시겠습니까?

荷物を部屋まで運んでくれますか。

57) 트윈 5개에 싱글 1개이시죠?

ツイン5つにシングル1つですね。

58) 이쪽으로 오십시오.

こちらへどうぞ。

59) 저는 트래블 서비스의 인솔자입니다.

私はトラベルサービスの添乗員です。

60) 체크 인을 부탁드리겠습니다.

チェックインをお願いします。

61) 이것이 객실 키와 조식 쿠폰입니다.

こちらがお部屋のかぎと朝食券でございます。

62) 이것을 5장 복사해 주십시오.

これを5枚コピーしてください。

63) 전화번호는 몇번입니까?

電話番号は何番ですか。

64) 지불은 바우쳐로 하겠습니다.

お支払いはバウチャーでします。

65) 콜렉트 콜로 한국에 전화하고 싶은데요.

コレクトコールで韓国(かんこく)に電話(でんわ)したいんですが。

66) 전화카드는 어디서 살 수 있습니까?

テレホンカードはどこで買(か)えますか。

67) 끊지말고 기다려 주십시오.

そのまま切(き)らずにお待(ま)ちください。

68) 전화 거는 법을 모르겠습니다.

電話(でんわ)のかけ方(かた)が分(わ)かりません。

69) 다시 한번 연결해 주세요.

もう一度(いちど)つないでください。

70) 통화중입니다.

お話中(はなしちゅう)です。

71) 방을 바꿔 주세요.

部屋(へや)を替(か)えてください。

72) 객실에 열쇠를 놔두고 문을 닫아 버렸습니다.

部屋(へや)に鍵(かぎ)を置(お)いたまま,ドアを閉(し)めてしまいました。

73) 짐이 아직 안 왔습니다.

荷物(にもつ)がまだ届(とど)いていません。

74) 일본 엔화로 환전해 주십시오.

日本(にほん)の円(えん)に両替(りょうがえ)お願(ねが)いします。

75) 어떻게 해 드릴까요?

どのようにしてあげましょうか?

76) 잔돈을 섞어 주세요.

小銭を混ぜてください。

77) 이 여행자 수표를 현금으로 바꿔 주세요.

このトラベラーズチェックを現金にしてください。

78) 계산이 틀린 것 같은데요.

計算が違っているようですが。

79) 계산서를 주세요.

計算書をください。

80) 이 호텔에서 환전할 수 있나요?

このホテルで両替できますか?

81) 예약을 취소하고 싶은데요.

予約を取り消したいんですが。

82) 오늘 밤 6시에 예약하고 싶은데요.

今晩6時に予約したいんですが。

83) 7시로 바꿀 수 있습니까?

7時に変えられますか。

84) 몇 분이십니까?

何名様ですか。

85) 나를 포함해서 11명입니다.

私を合わせて11人です。

86) 모두 같은 테이블로 부탁드립니다.

全員同じテーブルでお願いします。

87) 우동 정식은 1인분에 얼마입니까?

うどん定食は1人前にいくらですか。

88) 모두 같은 요리로 11인분 준비해 주세요.

みんな同じ料理で11人前用意してください。

89) 오늘 밤은 전부 예약이 차 있습니다.

今晩は全部予約が入っております。

90) 공교롭게도, 6시는 예약이 꽉 찼습니다.

あいにくですが、6時は予約でいっぱいです。

91) 오늘 밤 6시로 예약되었습니다.

今晩6時に予約できました。

92) 메뉴를 보여 주세요.

メニューを見せてください。

93) 예약하시지 않아도 괜찮습니다.

予約なしでもかまいません。

94) 예약은 하셨습니까?

ご予約はなさいましたか。

95) 7시에 예약한 트래블 서비스의 가이드입니다.

7時に予約したトラベルサービスのガイドです。

96) 이 스푼을 바꿔 주세요.

このスプーンを替えてもらえますか。

97) 빨리 되는 것은 없나요?

早くできるものはありませんか。

98) 무엇으로 하시겠습니까?

何になさいますか。

99) 주문을 바꿔도 됩니까?

注文を変えてもいいですか。

100) 한 잔(한 그릇) 더 부탁드리겠습니다.

おかわりをお願いします。

101) 이것은 주문하지 않은 것 같은데요.

これは注文してないと思いますが。

102) 잔이 더러워요(금이 갔어요)

グラスが汚れて(欠けて)います。

103) 분명히 예약을 해 두었습니다.

確かに予約をしておきました。

104) 맥주를 2병 부탁했는데 1병밖에 않왔습니다.

ビールを2本頼みましたが,1本しか来ていません。

105) 요리는 아직 멀었나요?

料理はまだですか。

106) 벌써 30분이나 기다리고 있습니다.

もう30分も待っています。

107) 한번 더 확인해 주세요.

もう一度確認してください。

108) 다음 예정이 있으니까 서둘러 주세요.

次の予定がありますので、急いでください。

109) 계산 부탁합니다.

お勘定お願いします。

110) 이 요금은 뭐죠?

この料金は何ですか。

111) 세금이 포함된 가격입니까?

税込みですか。

112) 1만엔 받았습니다.

1万円いただきました。

113) 거스름돈이 틀린 듯 합니다.

おつりが違っているようです。

114) 지불은 따로따로 해 주세요.

支払いは別々にお願いします。

115) 이것은 안 먹었습니다.

これは食べていません。

116) 어른 10장 주세요.

大人10枚ください。

117) 먼저 들어가세요.

お先にどうぞ。

118) 들어가도 되나요?

入ってもいいですか。

119) 환불 할 수 있습니까?

払い戻しはできますか。

120) 이 근처에 의무실 있습니까?

この近くに医務室はありますか。

121) 어떻게 해서 갑니까?

どうやって行きますか。

122) 이 길을 똑바로 가 주세요.

この道をまっすぐ行ってください。

123) 담배 펴도 됩니까?

タバコを吸ってもいいですか。

124) 길을 잃었습니다.

道に迷いました。

125) 걸어서 얼마나 걸립니까?

歩いてどのくらいかかりますか。

126) 버스 안에 비치된 우산은 있나요?

バスの中に置き傘はありますか。

127) 사진 좀 찍어 주시겠어요?

写真を撮ってもらえますか。

128) 저 산을 배경으로 찍어 주세요.

あの山を入れて写してください。

129) 한 장 더 부탁드리겠습니다.

もう一枚お願いします。

130) 체크 아웃 부탁드리겠습니다.

チェックアウトをお願いします。

131) 이건 객실 키입니다.

これは部屋の鍵です。

132) 출발할 때까지 짐을 맡아 주세요.

出発まで荷物を預かってください。

133) 객실에 짐을 가지러 와 주세요.

部屋に荷物を取りにきてください。

134) 이 짐을 버스까지 운반해 주세요.

この荷物をバスまで運んでください。

135) 냉장고의 음료를 이용하셨습니까?

冷蔵庫をご利用になりましたか。

136) 지불은 어떻게 하시겠습니까?

お支払いはどうなさいますか。

137) 공항으로 가는 호텔 버스는 어디서 탑니까?

空港へのホテルバスはどこで乗りますか。

138) 유료 TV는 보지 않았습니다.

有料テレビは見ていません。

139) 다시 한 번 확인해 주세요.

もう一度調べてください。

140) 이쪽에 사인을 해 주십시오.

こちらにサインをお願いします。

141) 이러면 되겠습니까?

これでいいですか。

142) 냉장고에서 맥주 1병을 마셨습니다.

冷蔵庫からビール1本を飲みました。

143) 객실 열쇠를 주시겠습니까?

部屋のかぎをいただけますか。

144) 몇 시부터 플레이 할 수 있나요?

何時からプレーできますか。

145) 2시까지 이곳으로 와 주십시오.

2時までにこちらにお越しください。

146) 내일 모래 예약을 하고 싶습니다만,

明後日の予約をしたいんですが。

147) 1인당 얼마가 되나요?

一人いくらになりますか。

148) 골프장까지 송영도 해 주십니까?

ゴルフ場までの送迎もしてくれますか。

149) 요금에 캐디 피도 포함되어 있나요?

料金にキャディーフィーも含まれていますか。

150) 반일 코스에는 어떤 것이 있나요?

半日コースにはどんなものがありますか。

151) 식사는 포함되어 있나요?

食事は付いていますか。

152) 가까운 병원으로 데리고 가 주세요.

近い病院に連れていってください。

153) 구급차를 불러 주세요.

救急車を呼んでください。

154) 가능한 한 빨리 부탁드리겠습니다.

できるだけ早くお願いします。

155) 손님이 쓰러져서 의식이 없습니다.

お客さんが倒れて意識がありません。

156) 혈액형은 O형입니다.

血液型はO型です。

157) 알레르기는 없나요?

アレルギーはありませんか。

158) 여행을 계속해도 상관없을까요?

旅行を続けてもかまいませんか。

159) 여기서 카메라를 못 봤나요?

ここでカメラを見ませんでしたか。

160) 안에 여권이 들어 있습니다.

中にパスポートが入っています。

161) 언제 어디서 잃어 버리셨습니까?

いつどこでなくしましたか。

162) 어디서 잃어 버렸는지 잘 기억이 나지 않습니다.

どこでなくしたかよく覚えていません。

163) 찾는 대로 호텔로 연락 주십시오.

見つかり次第ホテルに連絡してください。

164) 얼마 소지하고 계셨습니까?

いくら持っていましたか。

165) 일본 엔화로 대략 10만엔입니다.

日本円でだいたい10万円です。

166) 버스에 지갑을 두고 내렸습니다.

バスに財布を置き忘れました。

167) 무엇이 들어 있었습니까?

何が入っていましたか。

168) 그런 것은 아직 신고되지 않았습니다.

そういった物はまだ届いていません。

169) 책임자와 얘기를 하게 해 주세요.

責任者と話をさせてください。

170) 바로 찾으러 가겠습니다.

すぐ取りにいきます。

171) 항공기 출발이 늦어질 예정입니다.

フライトが遅れる予定です。

172) 탑승구는 5번으로 변경되었습니다.

搭乗口は5番に変更になりました。

173) 이것은 그쪽 잘못(실수) 입니다.

これはそちらの過ちなんです。

174) 이것은 너무 커서 기내에 가지고 들어가실 수 없습니다.

これは大きすぎますから機内持ちみはできません。

175) 몇 시간 늦어지는 겁니까?

何時間遅れるんですか。

176) 왜 출발이 늦어지는 거죠?

どうして出発が遅れているんですか。

177) 어떻게 해 주시지 않으면 곤란합니다.

何とかしてくれないと困ります。

178) 분명히 재확인(reconfirm) 했습니다.

ちゃんとリコンファームしたんです。

179) 다른 항공사편으로 탑승해 주십시오.

他の航空会社の便にお乗りください。

180) 오늘까지 한국에 돌아가야만 합니다.

今日までに韓国へ帰らなければならないんです。

181) 웨이팅할 수 밖에 없나요?

キャンセル待ちするしかありませんか。

182) 몇 명 정도 웨이팅하고 있나요?

何人くらいキャンセル待ちしていますか。

183) 예약 재확인을 부탁드립니다.

予約の再確認をお願いします。

184) 그냥 구경하는 겁니다.

見ているだけです。

185) 좀 깎아 주세요.

ちょっとまけてください。

186) 좀 더 작은 사이즈를 보여 주세요.

もっと小さいサイズを見せてください。

187) 같이 포장해 주세요.

まとめて包んでください。

188) 거스름돈을 아직 받지 않았습니다.

お釣りをまだもらっていません。

189) 너무 비싸군요.

高すぎますね。

190) 운전수 아저씨, 수고하셨습니다. 이것은 팁입니다. 받으세요.

ドライバーさん, お疲れ様でした。これはお茶代です。どうぞ。

191) 아시아나 항공 체크인 카운터는 어디입니까?

アシアナ航空のチェックインカウンターはどこですか。

192) 이것은 손짐으로 기내에 가지고 들어가고 싶은데요.

これは手荷物として持ち込みたいですが。

193) 맡기실 짐은 전부 23개입니다.

預ける荷物は全部で23個です。

194) 이것은 깨지기 쉬운 물건입니다.

これは割れ物なんです。

195) 탑승 시간은 6시 35분입니다.

搭乗時間は6時35分です。

196) 6시까지 18번 게이트로 와 주세요.

6時までに18番ゲートに来てください。

197) 면세품은 어디서 받을 수 있나요?

免税品はどこで受け取れますか。

198) 미안합니다만, 좀 지나갈 수 있을까요?

すみません,ちょっと通してもらえますか。

199) 가방을 이 위에 올려 주세요.

かばんをこの上に乗せてください。

200) 카트(Cart) 는 어디서 빌릴 수 있습니까?

カートはどこで借りられますか。

고영길

경기대학교 대학원 관광경영학과 졸업 (관광학 박사)
㈜ 한남세계여행 국제관광부
㈜ 온누리여행사 해외여행팀
㈜ 리눅스투어 해외여행부
관광통역안내사 자격증 취득
일본어 능력시험(JLPT) 1급

현) 백석대학교 관광학부 관광경영전공 조교수
　　관광통역안내사 필기문제 출제위원 및 면접심사위원

쉬운 관광여행
일본어회화

초판 1쇄 발행 _ 2016년 2월 29일

저　　자 · 고 영 길
발 행 인 · 정 현 걸
발　　행 · 신 아 사
인　　쇄 · 예지인쇄
주　　소 · 서울특별시 은평구 통일로 59길 4 (2층)
전　　화 · (02) 382-6411　팩스 · (02) 382-6401
홈페이지 · www.shinasa.co.kr
E-mail · shinasa@daum.net
출판등록 · 1956년 1월 5일(제9-52호)

ISBN: 978-89-8396-931-6(93730)

정가 *13,000* **원**